襄阳市民政局项目支持（襄阳市金融支持养老服务业创新发展研究）

中国养老服务业发展与金融支持研究

张昭昭 著

华中科技大学出版社
http://press.hust.edu.cn
中国·武汉

内 容 简 介

　　我国的人口中度老龄化是经济发展和社会运行的必然结果和一般规律，是人类文明的必经之路。为了积极应对人口老龄化，国家出台了一系列相关政策来支持养老服务业的发展，而金融体系的优化，是解决我国养老产业现在问题的关键。本研究聚焦金融市场对社会养老服务体系的支持作用，在综合文献分析和市场调研的基础上，分析养老服务业的基本特征和运行规律，提出发展存在的问题和面临的困境，探讨金融业对养老服务业支持的方式和成效。运用数据分析、实证分析与规范研究、定性分析与定量分析等研究方法，研究我国金融市场政策走向，对各类融资方式对养老服务业的支持路径进行统计分析，总结已经早于我国进入老龄化社会的西方国家的市场经验，探讨适合我国经济运行规律的产业金融融合发展模式，并对提升养老服务业在金融市场的融资能力提出有效的政策建议，促进我国老龄事业健康发展。

图书在版编目(CIP)数据

中国养老服务业发展与金融支持研究/张昭昭著.—武汉:华中科技大学出版社,2023.12
ISBN 978-7-5680-9062-9

Ⅰ.①中⋯　Ⅱ.①张⋯　Ⅲ.①养老-服务业-产业发展-金融支持-研究-中国　Ⅳ.①F726.99

中国国家版本馆 CIP 数据核字(2023)第 245744 号

中国养老服务业发展与金融支持研究　　　　　　　　　　　　张昭昭　著
Zhongguo Yanglao Fuwuye Fazhan yu Jinrong Zhichi Yanjiu

策划编辑：胡弘扬	
责任编辑：胡弘扬	
封面设计：廖亚萍	
责任校对：阮　敏	
责任监印：周治超	
出版发行：华中科技大学出版社(中国•武汉)	电话：(027)81321913
武汉市东湖新技术开发区华工科技园	邮编：430223
录　　排：华中科技大学惠友文印中心	
印　　刷：武汉市洪林印务有限公司	
开　　本：710mm×1000mm　1/16	
印　　张：12.5	
字　　数：230 千字	
版　　次：2023 年 12 月第 1 版第 1 次印刷	
定　　价：79.80 元	

本书若有印装质量问题，请向出版社营销中心调换
全国免费服务热线：400-6679-118　　竭诚为您服务
版权所有　侵权必究

前言

2021年第七次人口普查结果显示，我国60岁及以上人口超过2.64亿，占总人口比例为18.7%，与2010年相比提高了5.44个百分点，其中65岁及以上人口超过1.9亿。全国149个城市已进入深度老龄化，并且这种现象越来越严重，社会对养老服务业的发展需求越来越大。由于养老服务业的发展需要建设相应的基础设施，并且具有投资金额大、回收周期较长的特点，同时具有社会福利属性，导致金融市场对养老服务业的投资意愿普遍不强。因此，国家出台了一系列激励政策，吸引金融市场和社会资金投资养老产业，开拓这个巨大的市场。

尽管目前各家金融机构都在不断寻求养老金融服务模式创新，但总体上，层次不高，结构不合理，效果不显著。为了推动养老服务业的发展，我们需要在养老服务业的金融支持机制建设和政策供给上有所创新和突破，构建我国特有的产业模式。纵观国外发达国家产业金融的发展进程可以发现，产业金融的发展都是基于一个比较发达的金融市场，在产业与金融的互动发展中逐步实现产业的资本化。养老产业也具有高投入、高风险和高收入的特征，尤其需要资本化和对接资本市场。

本研究根据中国的政策环境和经济运行规律，运用数据分析和规范研究的方法，提出了现有政策和市场层面主要存在的问题和面临的困境，分析了金融市场对养老服务业的具体支持路径，提出创新的发展方式，主要提出以下几点建议。

（1）提高市场对间接融资的支持效率。建立适应养老产业发展的多层次银行体系，推动银行信贷产品开发创新，加大保险业创新力度，支持养老产业发展。

（2）充分发挥直接融资市场的支撑作用。改善企业融资的外部环境，提高民间资本支持的有效性，通过适当的风险担保机制，激发民间资本投资养老产业的积极性。

（3）提出具有中国特色的产业金融的发展模式，结合科技发展，搭建"产业＋金融＋科技"的产业金融平台和大健康产业发展生态圈，促进产业协同发展。

本研究的创新点如下。

第一，根据养老服务业的行业特征和我国养老服务业发展现状与发展规划，我们认为我国养老市场金融保险的发展必须进行模式创新，养老服务业是大健康产业的一部分，不是孤立的，发展养老服务业，要依托大健康产业生态圈，我们必须动员全社会金融资源，更好地对接产业需求，创建大健康金融保险发展的新模式。大健康金融保险产业发展的新模式需要按照市场主导、政府引导的原则，以产业金融为核心，以金融资本为纽带，从全产业链和全要素的高度系统性重构大健康金融保险的供给模式，搭建"产业＋金融＋科技"的产业金融平台和大健康产业生态圈，促进大健康产业要素的凝聚，同时推进养老服务业发展。

第二，财政支持与社会养老体系建设相结合。通过系统地梳理居家养老、社区养老和机构养老三种养老服务的金融需求，主要构建社会养老体系和金融支持渠道。同时，设计中国老年人和养老服务企业财务需求问卷，并通过实证分析社会养老服务体系两大群体——老年人及服务机构的需求特征及影响因素。

第三，老龄化不仅是一个社会问题，也是一个经济问题。本研究从构建社会养老体系的视角出发，梳理金融机构在社会养老体系中承担的社会责任，在定性分析和定量研究的基础上，提出金融服务业支持社会养老服务发展的具体路径。本研究视角新颖，研究内容不仅为解决社会养老体系建设中的资金短缺问题开辟了新途径，也有利于资源整合和金融创新。

本研究的解决方案可为我国养老服务业的发展和金融市场的支持提供参考，为我国老龄事业发展贡献力量。

目 录
CONTENTS

第 1 章　绪论

1.1	研究背景	2
1.2	研究综述	10
1.3	研究目标与方法	15
1.4	研究的主要内容	17
1.5	研究的创新	18

第 2 章　金融市场支持养老服务业发展的理论分析

2.1	养老产业与金融的结合	21
2.2	养老服务业金融市场支持必要性分析	23
2.3	支持养老服务业的金融类别	23
2.4	影响支持养老服务业的金融因素	30
2.5	本章小结	35

第 3 章　金融支持养老服务业发展的数据分析

3.1	养老服务业发展现状	38
3.2	金融市场支持养老服务业发展的统计分析	45

第 4 章　社会养老服务体系建设的现状分析

4.1	中国养老服务体系政策演变历程	50
4.2	居家养老模式金融支持的发展现状	50

4.3	社区养老模式金融支持的发展现状	54
4.4	机构养老模式金融支持的发展现状	57
4.5	互联网对金融支持养老服务体系建设的影响	59
4.6	社会养老服务体系的建设实践	61
4.7	本章小结	64

第 5 章　"互联网＋社区居家"养老模式探索

5.1	"互联网＋社区居家"养老模式概述	66
5.2	"互联网＋社区居家"养老服务的意义	69
5.3	互联网技术下居家养老模式的现状及实施中存在的问题	71
5.4	对"互联网＋社区居家"养老服务未来发展的对策建议	77
5.5	本章小结	80

第 6 章　国外金融市场支持养老服务业的经验

6.1	美国社会养老服务体系与金融支持	83
6.2	英国社会养老服务体系发展中的金融支持	89
6.3	日本社会养老服务体系发展中的金融支持	91
6.4	国外养老服务体系中金融支持借鉴	93
6.5	本章小结	97

第 7 章　金融支持养老服务体系的问题分析

7.1	关于养老服务的金融支持法律不健全	100
7.2	金融业对养老服务业支持不足	100
7.3	养老服务体系的建设缺乏资金	104
7.4	养老服务产业的建设存在问题	105

第 8 章　金融市场支持社会养老产业的可行性分析

8.1	社会养老服务体系建设的金融供给现状	109

8.2	金融供给可能性分析	113
8.3	本章小结	116

第 9 章 金融市场支持养老服务业发展的实证研究

9.1	我国老年人金融服务需求分析的模型框架	118
9.2	调查方案设计	123
9.3	数据来源	124
9.4	数据描述统计分析	125
9.5	模型设定	127

第 10 章 社会养老服务体系金融支持路径研究

10.1	与居家养老相适应的金融支持	129
10.2	与社区养老相适应的金融支持	138
10.3	与机构养老相适应的金融支持	140
10.4	本章小结	147

第 11 章 中国农村养老服务机构与金融支持

11.1	农村人口老龄化现状及面临的挑战	149
11.2	国外金融支持农村养老模式选择过程中的借鉴	150
11.3	农村现有养老模式	152
11.4	金融支持养老保障模式构建的对策建议	154
11.5	本章小结	157

第 12 章 推进大健康产业圈层融合发展模式创新

12.1	大健康产业特征与模式选择	160
12.2	大健康产业金融平台的构建	166
12.3	大健康产业生态圈的构建	173

第 13 章　研究结论及建议

13.1　研究结论　　　　　　　　　　　　　　　　178
13.2　对策　　　　　　　　　　　　　　　　　　180
13.3　建议　　　　　　　　　　　　　　　　　　183
13.4　有待进一步研究的问题　　　　　　　　　　186
13.5　本章小结　　　　　　　　　　　　　　　　187

参考文献　　　　　　　　　　　　　　　　　　188

Chapter

第 1 章　绪论

1.1 研究背景

1.1.1 中国已步入老龄化社会,面临严峻的养老问题

中国是全球老年人口总量较大的国家,也是老年人口增速较快的国家之一,并且高龄化、空巢化、失能化严重,城乡差别大,再加上未富先老、家庭结构小型化等问题相互交织,养老形势异常严峻。

研究数据表明,中国60岁以上老年人未来30年仍将以年均近千万的规模快速增长。较权威的关于中国人口老龄化发展态势的预测,是中国老龄协会组织实施的"国家应对人口老龄化战略研究"课题进行的预测(见图1-1)。预测显示,未来中国人口老龄化态势日益严峻,预计到2030年60岁以上老年人口将增至3.71亿,到2050年老年人口将达到4亿,2053年达到峰值4.87亿,并长期保持4亿人的规模,此后缓慢降至21世纪末的3.83亿,占总人口的比例将增至34%左右。

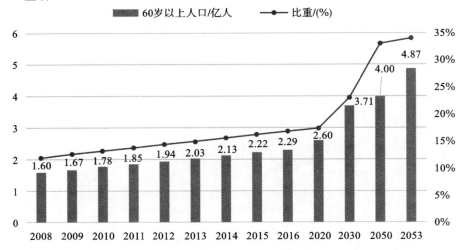

图1-1 2008—2053年60岁以上老年人总数及占全国总人口比重
(资料来源:"国家应对人口老龄化战略研究"课题。)

中国已经进入人口老龄化快速发展阶段,2070年前的老年人口都已经出生,数量是既定的,改变生育政策只会改变未来中国人口老龄化水平,不会改变2070年前老年人口绝对量。因此,人口老龄化将贯穿中国21世纪始终,人口众多、结构老龄化,将是中国面临的人口国情。

《中国统计年鉴.2021》显示,截至2020年末,中国总人口14.12亿人,0—14岁人口占比约17.9%,15—64岁人口占比约68.6%,65岁及以上人口占约13.5%,人口抚养比为:

$$人口抚养比 = \frac{P_{0-14} + P_{65}}{P_{15-64}} \times 100\% \approx 45.8\%$$

数据直接显示了中国老龄化的速度和程度,也说明老龄化改变着中国人口的年龄结构。而与抚养儿童相比,赡养老年人因所需资源不同,负担更重。各国研究结果都得到相类似的结论:赡养一个老人的平均费用,相当于抚养2—3个儿童的费用。中国的人口抚养比的变化,预示着中国"人口红利期"即将关闭。

从国际经验来看,一些发达国家包括日本、韩国和新加坡的人口红利窗口关闭时,人均GDP已达到2万—3万美元,这些国家在人均GDP增长1%—2%的水平下也并没有出现由老龄化造成的危机局面,属于"先富后老"或"边富边老"。截至2021年底,中国目前的人均GDP仅为1.26万美元,刚超过世界平均水平(见图1-2)。

2022年4月19日,国际货币基金组织(IMF)发布各个国家及地区的最新经济指标数据显示,中国人均GDP排名60位,低于所有富裕国家和部分发展中国家,具有明显的"未富先老"的特征。

在老年人口快速增长和养老服务需求迅速膨胀的同时,家庭养老功能却在日益减弱。从微观家庭方面看,20世纪90年代以来,独生子女家庭数量激增,家庭结构逐步小型化、单一化,"4—2—1"结构成为主流,家庭养老的功能日渐弱化,这些家庭面临的养老问题更加突出。目前,虽然生育政策已经调整,但业已形成的家庭结构变化的影响将长期存在。从宏观变化趋势上讲,独生子女政策导致并加速了中国人口结构的老龄化,老年人口的增加同时还伴随着年轻人口的减少,中国人口结构失衡问题日益突出。

日益严重的老龄化、失衡的人口比等问题,将全方位影响中国各个领域的发展。年轻人口的迅速减少,对经济的可持续发展后劲影响巨大。家庭养老功能弱化,老年人问题再也不是局限于家庭范围的小问题了,而是关系到社会稳定和发展的大问题。与此同时,随着老年人口不断增多,代际更替将会对原本就不够健全的社会养老保障产生空前的冲击。独生子女政策产生的影响,对人口老龄化的影响将在2030年凸显,独生子女的父母陆续进入高龄老年群体,空巢化将

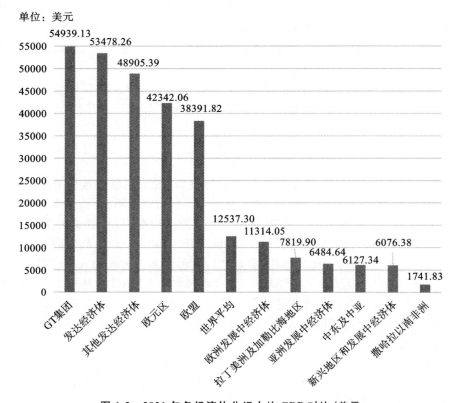

图 1-2　2021 年各经济体分组人均 GDP 对比/美元

进一步加剧，家庭赡养老人的负担将十分沉重，家庭负担被迫外移，社会保障的压力也会急剧增大，养老金支出将达到惊人的数额——6.7 万亿元。为避免养老服务出现家庭担不起、政府包不起的局面，养老服务社会化、产业化是必然选择，改变政府财政"一枝独秀"的现状是大势所趋。

1.1.2　负担日益加重的基本养老保障体系

经过 30 多年的改革和发展，中国养老保障制度已基本建立，明确了以基本养老保险、企业补充养老保险和个人养老保险为组成部分的养老保障体系框架。目前，中国基本养老保险基本实现了制度上的全覆盖。截至 2021 年，中国城镇职工基本养老保险和城镇居民基本养老保险参保人数合计 48075 万人，增速为 5.34%（见图 1-3）。随着人口老龄化程度的逐步加深，政府增加了在养老金、福利补贴、基础设施建设和公共服务等方面的社会保障支出，养老保障体系的负担日益沉重。

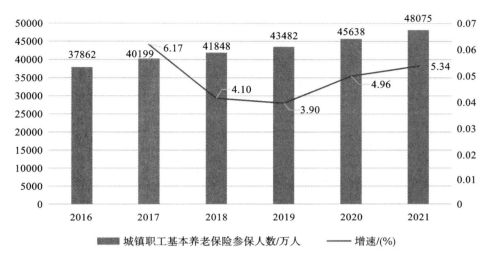

图 1-3　2016—2021 年全国城镇职工基本养老保险人数及同比增速
（资料来源：智研咨询。）

养老金替代率也逐年下降，已由 73％降至 40％左右，处于国际划定的养老金替代率警戒线边缘。养老金替代率是衡量退休后养老保障水平的重要指标。尽管十多年来中国养老金连续调整，但基本养老金替代率水平仍然较低，且持续下降。作为养老保险第一支柱的基本养老保险已不堪重负，面临收不抵支、资金枯竭的问题，退休人员的基本生活保障面临较大风险。

基本养老保险基金财务可持续性堪忧。基本养老保险基金存在财务失衡状况，严重依赖财政补贴。

养老资金来源于企业和职工按月缴纳的养老保险和各级财政补贴，其中将近 2/3 的收入来源是依靠财政的补助。2014—2020 年，中国基本养老保险支付呈不断上涨趋势（见图 1-4）。

图 1-5 所示为 2012—2020 年中国基本养老金总体情况、城镇职工基本养老金和城乡居民基本养老金的支出情况趋势。

从图 1-5 的曲线变化可以看出，养老金支出从 2019 年开始增速较快。因 20 世纪 60 年代是中国的婴儿潮时期，随着"60 后"陆续进入退休年龄，其退休金支出开始快速增长，导致我国基本养老保险基金缺口严重。虽然国家各级财政对基本养老基金持续进行了巨额投入，但是中国基本养老保险基金仍然存在较大的缺口。

基本养老保险基金投资运作效率低下，保值增值问题严峻。2009—2020 年

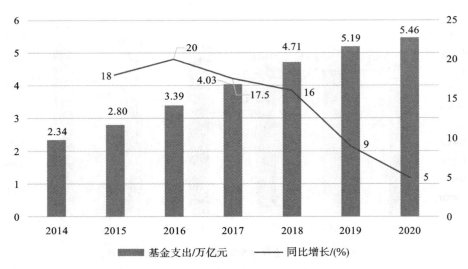

图 1-4　2014—2020 年中国基本养老保险基金支出统计

（资料来源：智研咨询。）

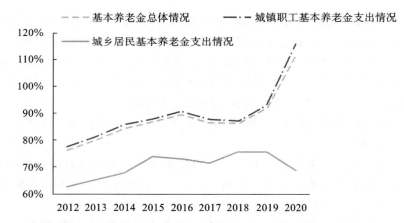

图 1-5　2009—2020 年中国基本养老金总体情况、城镇职工基本养老金和城乡居民基本养老金的支出情况趋势

基本养老保险基金平均收益率仅为 2.46%。其主要原因一是结余基金分散存放，没有形成规模效应；二是出于安全考虑，绝大部分结余资金都储存在银行。目前，中国对基本养老保险中的社会统筹账户和个人账户结余基金的投资监管非常严格，长期以来，其主要收入来源为银行存款和国债投资，投资渠道较为狭窄，多年的平均结余资金收益率只有 3% 左右，难以抵御通货膨胀带来的资金贬

值。考虑到未来筹集和积累社会保障资金、应对养老金缺口的需要,养老保险基金作为中国养老金体系的重要组成部分,还需要开拓新的投资管理方式,提升基金运营、管理、监督和保值水平。

养老保障对第一支柱的基本养老金过于依赖,而作为第二支柱的企业年金发展迟缓,第三支柱还处于研究阶段,尚未真正建立,这种局面如果长期得不到改变,国家财政将不堪重负。

1.1.3 企业年金覆盖率低,个人商业养老保险发展缓慢

企业补充养老保险发展缓慢,覆盖面窄且分布不平衡。企业年金是中国养老保险第二支柱,早在 2004 年就在企业中试水,但是十多年过去了,企业年金覆盖率仍然较低。人社部数据显示,截至 2021 年,中国建立企业年金的企业数量达到 11.8 万家,参与职工 2875 万人,累计基金费用 2.6 万亿元,而 2021 年全国就业人员 74652 万人,覆盖率仅 3.9%,在整个养老保障体系中作用微乎其微。在发达国家,企业年金覆盖率均在 30% 以上,其中,美、日、英等国企业年金的覆盖率则超过 50%。中国也出台了相关税收优惠政策,刺激企业年金快速增长。然而在政策出台后,企业年金的增长并不理想,税收优惠带来的实际效果远低于预期。其主要原因,一是个人所得税递延比例和企业所得税抵扣比例较低,企业参加动力有限;二是企业基本养老保险缴费负担过重,一般企业无法发展企业年金。由于与企业年金相关的税收和社保缴费政策环境短期内很难改善,预计企业年金在未来很长一段时间内仍然发展缓慢。

个人储蓄型养老保险发展也很不理想。2021 年,经合组织(OECD)成员国的企业和个人养老金加权合计占 GDP 比重达到 77%,而中国两项养老金占比仅为 5%。目前,中国商业养老保险市场规模较小。商业养老保险参与度较低,人均寿险保单持有量仅为 0.1 份,远低于发达国家 1.5 份以上的水平。这主要是因为中国近些年才从计划经济养老体系转型,国民风险和保险意识不强,购买个人商业养老保险积极性不高,商业养老保险缺乏税收优惠政策。另外,相对于其他储蓄方式也无明显优势,法规对于保险费率的限制使得商业养老保险投资收益率低于其他投资渠道,长期处于竞争劣势。

1.1.4 养老服务体系金融支持供给短缺

目前,我国对养老保险制度的财政扶持还缺乏相关的理论探讨,实际运作的

途径并不清晰,我国的老年人护理制度已经形成了一个"瓶颈"。《中国老龄产业发展报告(2021)》预计,中国65岁及以上老年人将在2030年增至2.8亿,我国的养老服务市场需求规模将达15万亿元,然而市场的资金给付能力却非常欠缺。

我国的养老服务业的资本供应缺乏,主要制约因素有两个。

一是目前我国养老保险制度的资金来源比较单一,存在着筹资途径不畅通、投资较少等问题。目前,我国的养老服务市场资金主要集中于政府投入,社会资金的投入和投入的地域相对较少。总之,国家投入的资金以社会保障为主,支持导向经费的数额较少。从经济层面上讲,国家对养老服务业进行投入的必要性是不容忽视的。然而,应该指出的是,仅凭国家的力量,很难维持养老服务业的发展。目前,我国养老服务业中的老年房地产市场是社会资本参与的重点行业,尽管已经有保险资金和商业银行资金的大量注入,但是资本市场资金、信托资金等融资渠道的资金投入依然不足。中国目前的金融市场发展还不够成熟,对我国的养老服务业的融资条件产生了一定的不利影响,甚至传统的银行信贷业务也无法正常进行,这让很多公司望尘莫及。我国目前的养老保险资金供给还存在着资金较少的问题。从长期来看,我国应该逐渐降低政府对养老服务业的投资比例,增加民营机构对养老服务业的投资,并对其进行适当的引导。

二是没有健全的财政保障和财政扶持制度。从宏观上讲,中国当前对于养老服务业的融资政策与体制仍存在不足,金融体系有待完善,信用评级体系有待进一步改进,行业融资所需的体制和政策支持还没有得到充分发挥。从宏观层面分析,目前我国为养老服务业提供的金融服务非常匮乏,证券、法律、财务等服务组织对于养老服务的必要性、经济性认识不足,以及对养老服务业的融资服务不足。

1.1.5 研究意义

赡养老人不仅是中华民族的传统美德,也是每个公民应尽的法律义务。中国是全球最大的人口老龄化国家,人口老龄化问题既是一个普遍存在的问题,也是一个关乎国计民生和民族稳定的重要问题。人口老龄化同时也为我国的养老服务业带来了新的发展契机。

养老服务具有公共性、福利性、盈利性等特征,必然会是促进我国社会发展的新的推动力。

从外界看来,当前中国社会对发展老龄事业的重要意义达成了一致意见,政府出台了相关的政策,并建议加强对老年战略的研讨,要尽快建立完善的老年保障制度,积极引导和支持民间投资,以发行公债的形式为养老事业筹资,推动我国的养老事业发展。由民政部和国家开发银行共同印发的《关于开发性金融支持社会养老服务体系建设的实施意见》(民发〔2015〕78号)提出,将重点扶持社区居家养老服务设施建设项目等五类项目,明确了具体操作事项,破解了长期以来制约社会养老服务发展的融资难问题。国家出台了一项关于养老服务的全面开放政策,表明了要大力发展养老服务事业,并鼓励各种社会组织参与服务购买,加强股权合作,扩大服务供应。2016年,中国人民银行、民政部、银监会、证监会、保监会联合下发《关于金融支持养老服务业加快发展的指导意见》,明确指出将在银行、证券、保险等方面加大对老龄行业的扶持力度,以解决人民群众多层次、多样化的老龄领域金融需求,推动金融支持养老服务业的发展。以优化金融服务资源的配置为导向,整合各种金融服务,不断深化金融产品、服务和政策体制改革,提升养老服务业金融服务水平。

从产业内部来看,中国养老服务业还处于发展初期,人员素质低、企业规模小、融资困难是普遍现象。家庭养老功能弱化,社会服务需求膨胀,但处于发展初级阶段的养老服务企业显然还不能有效满足社会服务供给,处于补充和支撑地位的养老机构也缺乏提供健全的养老服务的能力,适合现代社会的社区养老和居家养老模式刚刚起步,尚处于公共设施配套建设阶段,制度不健全、功能不完善,仅能满足少量老年人的基本养老服务需求。因此,加强顶层设计,构建社会养老服务体系势在必行。

进入21世纪乃至更长远的时期,人口老龄化仍将是中国的一大难题。应对老龄化、健全现有社会养老服务系统需要借助财政的协调,而财政手段与技术则是应对人口老龄化、健全养老服务系统的核心,同时也是推动养老模式转变,满足日益多元化、个性化养老服务需要的重要支持。

因此,要对我国目前老年服务制度的问题进行深入剖析,从财政、经济学的视角,明确战略目标,明确发展道路,并积极探索金融支持社会养老服务体系建设的具体路径,引导更多的金融资本投入社会养老服务体系建设,加强社会养老服务体系建设的前瞻性、科学性、系统性和可操作性,完善社会养老服务体系建设顶层设计,探索具有中国特色的社会养老服务体系,促进中国养老服务业的协调发展,提高中国老年群体的幸福感及获得感。同时,发展养老服务业,也能调整中国目前不太完善的经济结构,提供更多的就业岗位,促进经济持续健康地发展。

1.2 研究综述

1.2.1 国内文献综述

如今，人口老龄化逐渐成为全球突出的社会问题，受到社会各界的广泛关注。研究人口老龄化的文献也日益增多，主要集中在六个研究方向和领域。

1. 人口老龄化与养老体制改革问题

这方面的相关研究在国内比较多但也是争议较多的。其研究方向主要有四个分支。

第一个分支是对人口老龄化问题和养老体制改革模式的研究，包括人口老龄化的预测、财务缺口与筹资方式、养老体制改革的制度设计和模式选择、费率测算、养老基金的投资管理等。郑功成（2013）为中国社会保障体系的发展提供了一个新的思路；周满（2016）以中国城镇老龄问题为切入点，探讨了我国城镇老年人口对我国养老保障制度的作用及对策；刘红霞（2016）就目前我国社保资金财政的相关问题给出了一些解决办法。

第二个分支是探讨老年与退休制度变迁对家族与公司的影响。赵耀辉、徐建国（2001）与何立新（2015）对中国的养老金制度进行了深入的剖析；汪泽英（2004）研究了中国城市居民的养老保险制度；张苏、王婕（2015）运用中国健康与养老追踪调查（CHARLS）资料，建立一套包含居住安排、养老保险与家庭孝养伦理的效用平衡模式，探讨养老保险与家庭孝养伦理在养老服务中的作用。

第三个分支是研究养老体制改革本身的经济分析。袁志刚、冯俊、罗长远、陈志武等人认为，由于金融市场不发达，中国居民存在被迫储蓄行为；邹铁钉（2015）对中国保险体制改革的公平与效率进行了研究。

第四个分支主要探讨我国养老金制度的变化对我国的金融和宏观调控的作用。李洁明、许晓茵（2003）对我国养老金制度的改革和资本市场之间的联系进行了深入的探讨；周小川（2004）建议对我国养老保险制度的体制成长、老龄化和货币政策的传递进行深入的探讨；张松（2005）对我国养老资金与资本市场的相互作用进行了实证分析。本研究从中国人口老龄化、养老体制改革、养老资金的投资等方面入手,探讨人口变动对我国金融系统(资本市场、家庭资产配置、财政体制的变动)、资产价格(资本市场利率、住房价格)等因素的作用。韩立岩、王梅(2012)从中国的现实出发,对两种不同类型的养老金投资进行了对比分析,并就如何推进我国的养老金进入和投资监管问题提供了一些意见;张春丽(2016)就中国养老金投资的风险偏好问题进行了探讨。

2. 人口老龄化对我国经济发展的作用

吴义根(2012)从供、求两个角度论述了人口老龄化对中国经济的冲击,并结合中国的人口规模与居民的财务构成进行了相关性的研究,探索了中国财政体制转型的道路;莫骄(2014)在《人口老龄化背景下的家庭金融资产选择》中从寿命期资产选取的视角对以寿命为基础的财产选取进行了实证研究。全面合理的资产选取是房地产市场中各种影响因子的综合反映,总结了人口老龄化对经济增长的作用。

3. 老年人理财的创新研究

目前,中国已有不少学者对住房反向抵押贷款的需求与可能性进行了深入的探讨,并对其进行了价格分析与产品设计。根据住房反向抵押贷款的价格模式及银行放款类型,郭佳佳(2010)将住房反向抵押贷款风险进行了归类,并运用价格模型和模糊熵法对其测度;郝前进(2012)从住房反向抵押贷款体系自身入手,对中国实行"以房养老"的可能性及其发展途径进行了初步的探索;在住房反向抵押贷款模式的基础上,杨田(2013)和汪伟(2013)建立了住房反向抵押贷款的价格模式。

4. 养老行业融资研究

陈莹莹(2014)在《关于发展中国养老金融的观点综述》中通过总结英美国家的发展历史,指出中国发展老年金融的必要性,并就中国的养老金融发展问题进行了探讨;杨燕绥等人则主张,开拓养老金融服务的最大途径是发展个人的退休金计划;赵晓明、唐飞(2015)结合河北省目前养老行业的融资现状,提出了一种以"养老"为核心的养老产业集合资金的委托理财方案和"养老"项目的筹资方式。

5. 养老机构财务资助研究

在中国人口老龄化问题日趋严重和金融发展的背景下,我国学者已经着手研究如何有效地解决人口老龄化带来的经济问题。韦宇红(2012)从拓展退休金金融投资渠道、扩大商业性老年人保险产品开发、开展老年人金融业务,从发展房屋逆按揭业务、扩大养老机构资金来源、加大社会捐赠等几个角度,为城镇养老机构提供财政扶持;张同功、董振兴(2013)提出了一套金融支撑体系来支撑中国工业的发展;朱蓝澜(2014)从重庆市的养老行业特征出发,对重庆市的养老服务业进行了筹资模式的研究;袁博(2016)以中国目前养老资金的现状为切入点,通过研究我国养老金融体系的信用融资的价格,并就如何推动我国的金融体制改革进行了探讨;齐朝阳(2016)综合研究了济南市城镇家庭照料系统的状况,对其成因进行了剖析,并就如何健全济南市的家庭照料制度进行了探讨;孙玉岭(2015)通过对目前我国社会保障制度的发展状况和面临的问题进行了深入的剖析,并对如何加强财政的扶持进行了探讨。

6. 养老机构的资本供给方式研究

20世纪80年代以来,国内学者对养老制度进行了较为系统的探讨。胡建梅(2017)从中国的社区养老模式出发,认为在中国的人口老龄化社会背景下,"社区养老"是一种新型的老年生活方式;黎剑峰(2014)指出,在我国的人口老龄化社会中,民间资金的持续流入对我国的老年服务业发展具有积极意义;钟德杨(2014)、刘晶晶(2014)和郜波(2014)认为,要推动我国的投资结构多样化,需要让更多的社会力量参与到养老设施的建造中来;彭鲁莎(2014)对中国的养老保险行业的筹资方式进行了探讨;陈冬梅、陈之衡(2015)就如何将商业保险引入到我国的养老行业中来进行了探讨;易善策、杨明辉(2015)对我国老年服务业的发展动向及投资机遇开展了实证分析。

1.2.2 国外文献综述

国外的人口老龄化、社会保障制度改革、养老保险制度的构建、养老保障的社会化等问题,在发达国家已经有了相当规模的发展,因此国内许多有关养老问题的研究都是从发达国家的角度进行的。

1. 研究老龄化与养老体制改革问题

第一个分支是人口老龄化问题和养老体制改革模式的研究。国外关于人口老龄化问题的研究早在20世纪50年代就已开始,至今仍在进行,研究内容非常全面。Robert H. Binstock(1974)、Robert Clark(1978)、Harry R. Moody(1986)、Kenneth G. Manton(1991)、Dan Lago 和 James Kipp Poffley(1993)、Ronald Lee 和 Ryan Edwards(2002)等对人口老龄化的趋势及其影响进行了全面的分析和研究。世界银行(1994)首次提出了"三支柱"社会保障体系,后来将其扩展和修订为新的"五支柱"社会保障体系。Austinmitchell 和 Prem Sikka(2006)在研究养老金贫困问题时,提出人口老龄化等客观原因不是造成养老金贫困人口越来越多的主要原因,而英国政府养老保险政策的失败才是主要原因。关于养老金投资管理及限制,国外的争论和研究也比较多,放松投资限制和谨慎投资两个派别代表人物都较多。

第二个分支主要探讨了人口老龄化与养老金制度变迁对家庭与公司的影响。Wise(2005)从不同的视角对退休金制度和退休金的问题进行了探讨。

第三个分支是研究养老体制改革本身的经济模型。国外的文献非常多,集中在对基金积累制和现收现付制等不同模式的研究,引入生命周期模型研究社保体系对储蓄的影响等。由于养老体制改革不是本研究的重点,这里就不再赘述。

第四个分支则是探讨养老金制度变迁对经济与宏观调控的作用。Jane D'Arista (2008)认为,人口老龄化会影响存款与投资方式,而现有的结构变动对于维持财政的稳定性与货币政策的执行起着举足轻重的作用。

2. 研究人口老龄化对国家的经济发展产生的作用

世界上已有相当完善的老年产业,并在此基础上出现了"银发经济""银元"等新的发展理念。不少专家认为,"银发经济"是一个庞大的行业链条。具有划时代的研究成果的是日本学者鞠川阳子,她提出的"三维产业链"的概念,将"银发产业"的本位、相关产业和衍生产业进行了整理,并将其对国家经济发展的影响进行了剖析。

James Poterba(2004)在探讨美国人口结构变化对资产回报、资产价格和家庭的资产负债表组成的重要性时,通过经验数据建立标准模型分析,研究了美国人口年龄结构与股票、债券或票据的资产收益之间的关系。

3. 研究住房反向抵押贷款的理论和实践

20 世纪 60 年代,美国首先推出住房反向抵押贷款,对住房反向抵押贷款的理论研究和实证分析都十分成熟,从推进立法到完善产品设计,从规避市场风险到加强监管都有很好的理论支持。英国在扩大市场规模和优化产品设计两个方面对住房反向抵押贷款的研究更多。20 世纪 80 年代以后,进入老龄社会的发达国家数量剧增,为应对日益严峻的人口老龄化问题,加拿大、日本、新加坡等国家也纷纷展开了对住房反向抵押贷款的研究,着重讨论了引进本国的可能性,并根据实际情况,进行了本土化的产品研发。国内外有关住房反向抵押贷款的理论,包括可行性分析、实际收益分析、参与分析、风险分析、精算模型的制定等,研究全面且较为深入。Ngel-Choon Chia 和 Albert K. C. Tsui 采取所得替代率指标,利用蒙特卡洛模拟方法研究了住房反向抵押贷款在新加坡实行的可行性,Makoto Naka Jima 和 Irina A. Telyu kova 通过模型预测了美国住房反向抵押贷款的市场潜力为 5.5%,Makoto Nakajima 和 Irina Telyukova(2014),Min Ji 和 Mary Hardy(2012)对住房反向抵押贷款的定价模型进行了研究,Hui Shan (2011)结合住房反向抵押贷款数据和合同,研究老年人中对住房反向抵押贷款产品的需求量;Sharon S. Yang(2011)从风险角度出发,结合相关理论和模型研究了住房反向抵押贷款中存在的风险。

4. 研究老年人长期护理保险

1987年,Kane首次提出了长期照护(LTC)的概念,并认为LTC是为先天或后天失能者提供医疗护理、个人照顾和社会性服务;水野博达(2015)指出日本的介护保险制度发展日益完善,老龄人口治疗与医护的需求逐渐增加,必须通过精细化的流程设计,优化医疗系统,提高效率。

5. 研究养老服务投融资问题

Zvi Bodie(2003)在生命周期投资理论和风险管理理论的基础上,创造性地设计出了一些生命周期金融产品;Tetsuo Ono(2003)运用世代交叠模型研究了国债在社会养老保障制度的支撑作用;Harry R. Moody(2005)在研究日本和美国的养老产业融资发展中,提出政府投资和风险投资等投资对融资渠道的扩展具有重要意义。

6. 研究养老基金与资本市场

关于养老金的投资问题,国内外已有很多的理论和实践。例如,Pfau(2010)对32个国家的养老金投资与资本市场指数进行了相关分析,结果显示,在发达的金融体系中,国家的财政发展程度与养老金的投资比重具有显著的相关性。Yu-Wei Hu(2012)对亚洲10个地区的养老金投资规模进行了实证分析,结果表明,中国的养老金投资与银行的发展具有较大的竞争关系,并且与股市有着较好的相关性。Sagirikitao(2015)对日本政府和私人退休金方案进行了对比,结果显示,私人退休金在资本市场上的投资回报要大于政府的退休金,因此,更多的私人退休金投入资本市场对推动日本的快速发展具有重大意义。

另外,国外对老年人金融侵害问题的研究也较为集中,建议加强对老年人的金融侵害行为的教育,以增强对老年人的保护。

1.2.3 互联网+与养老服务体系的综合研究

同春芬(2016)指出,可以利用网络技术,使老年人在家门口就能得到各类医疗保健,从而打通为老年人服务的"终端"。然而,要做到两者的结合,还需要解决观念上的阻碍、供需不平衡、老年人身体状况等因素的影响。宋雅雯(2016)认为,"互联网+"与"家庭"的结合尚不足,"家庭"的发展尚处在起步期,需要在"家庭"中建立起一条产业链,并使之具有一定的产业规模,这是一个很长的过程。曹力(2016)提出了"互联网+"是家庭养老的新机会,网络技术可以有效地减少老年人的家庭生活费用，可以节约很多的资源。郭丽娜（2016）提出，针对我国的老龄化社会，必须对社会养老资源进行有效的整合，实现社会养老需求的有效对接，并通过网络建设O2O的网络营销模式，实现供求关系的实时和高效的沟通。耿永志（2017）认为，"互联网+"与"老年人"的结合并不是单纯的"叠加"，当前的"互联网+"模式还处于"互联网+养老"的探索阶段，"互联网+"的概念还没有形成。不同的社会组织成员缺乏共同的理念，缺乏细致的工作，缺乏协调一致的目标方向，是制约其发展、制约其有机整合的重要原因。杨国军（2017）指出，当今社会面临着日益严重的人口老龄化问题，网络是一种解决问题行之有效的方法，要发展"互联网+"的养老服务，不仅要建设网上的平台、资源的集成，还要注重服务体系的结构变革，注重老年人的需要，强调有层次和多元化的服务。

1.2.4 研究现状述评

针对人口的老龄化问题，国内外学者都进行了大量的研究。国内的研究主要是针对老年人的社会保障与养老服务的方式。在我国的养老金融问题上，有外国学者认为，在中国的养老金融产业发展过程中，必须要有一个明确的目标，即在中国的养老保险制度中，要发挥国家的主导作用。目前，我国养老产业存在着严重的资金短缺问题，我国的养老保险基金缺口不断增大，这就需要政府引进社会资本进行市场化筹资，共同努力。中国相关研究学者也基本上认同这个看法，但其研究主要停留在政府的决策层面，并没有针对中国的实际财政支持途径进行深入的探讨。因此，本研究在《关于开发性金融支持社会养老服务体系建设的实施意见》和《关于金融支持养老服务业加快发展的指导意见》的文件背景下，从财政需要和融资供应的角度出发，探讨中国的养老服务体系发展对策。

1.3 研究目标与方法

1.3.1 研究目标

1. 从人口老龄化的大环境看我国建立社会保障制度的必要性与重要性

本研究从老龄化趋势严峻、家庭功能弱化、基本养老保障负担较大、养老保障水平较差等几个角度阐述构建中国养老保障制度的必要性和重要性,对中国养老保障制度的发展进行展望。

2. 解决养老服务业融资难的困境

本研究通过指导金融机构参与养老服务系统,将其与财政等职能相融合,从金融服务系统的角度,分析我国社会养老服务体系建设中的金融服务需求和供给现状,提出金融支持社会养老服务体系建设的政策措施,积极推动社会养老服务体制的建立,加快养老服务产业化、社会化进程,逐步形成多元化的养老服务体系,提高政府和社会各方应对人口老龄化冲击的能力。

3. 推动金融改革

本研究旨在指导金融市场改革,积极转换应对人口老龄化的观念,对"银发经济"进行研究,准确评价其巨大的消费潜力,充分挖掘其潜在的融资能力,科学地分析养老服务业的金融需求。本研究针对养老服务产业的福利性和经济性,指导其社会养老服务体系建设中主动有所作为,充分利用不同的金融组织形式,充分利用自身独特的职能,扩大金融服务范围,探索金融产品与服务的创新,寻求企业的社会责任感与新的盈利增长点,实现金融业发展与养老服务业发展的共赢。

1.3.2 研究方法

本研究将文献分析与定性分析结合,力求通过综合研究方法得出相关的结论。综合运用金融学、经济学、管理学、人口学、社会学、统计学等学科知识,将理论研究与实证讨论,调查研究和统计分析相结合,分析中国社会养老服务体系建设中的金融需求,构建金融支持体系,提出具体的金融支持路径。

1. 实地调查和抽样调查相结合

深入社区、养老服务企业,进行实地调查。本研究根据分析需要开展抽样调查,掌握第一手数据,为研究提供数据资料支持。

2. 实证分析和规范研究相结合

本研究根据实地调查和抽样调查数据,采用统计学方法,基于翔实的数据进行定性分析,对老年人金融服务需求及住房反向抵押贷款养老保险需求进行实证分析。

3. 定性分析和定量分析相结合

利用统计学和计量经济学理论研究的成果,将影响老年人金融服务需求意愿及金融产品选择的关键影响因素作为参数,建立数学模型,进行实证分析和检验,找出影响需求的关键因素,并判断其影响方向。在此基础上,设计中国养老服务体系金融支持路径。

1.4 研究的主要内容

本研究以中国养老服务业现状为出发点,以家庭养老、社区养老、养老机构养老三种养老模式为研究线索,通过对中国金融市场对养老服务业的支持研究,结合养老保险制度的实际情况,以及国内外养老产业融资的成功经验,对我国养老服务业发展存在的问题和困境进行探讨,并针对出现的问题,给出相应的解决方案和建议。

第一章为绪论。阐明了本研究的选题背景和意义、国内外相关文献的研究现状、研究内容和研究方法、技术路线以及创新点。

第二章对有关的理论进行了研究。这一章为中国的养老服务体系的建设和金融支持模式的制定提供了一个重要的依据。从消费和收入、金融结构和经济发展、金融供给侧改革三个角度对我国养老服务系统金融支撑的理论依据进行了归纳和剖析。

第三章对中国目前的养老服务业现状和金融支持规模方式进行了数据整理和统计分析。从家庭养老、社区养老、养老机构养老三个角度对我国养老服务业融资方式进行了探讨。

第四章对中国目前的养老保障制度进行了研究。其中,从中国的发展历史和国家的政策背景出发,对中国建立的社会退休金制度进行了论述与剖析,从中汲取了一些经验。

第五章论述了"互联网+"的发展对社会养老服务体系的促进作用。

第六章主要是对国外发展社会保障制度的财政扶持进行总结。从美国、英国、日本等在养老金融发展中具有代表性的国家出发,对其养老保险与金融支持体系进行较为深入的分析,并从养老金改革、养老服务体系建设、金融支持产品等方面进行深入的分析,着重总结经验教训,以便为中国养老服务业的发展提供有效的借鉴。

第七章从中国金融机构的角度,对我国养老行业发展的意向及市场的需要进行实证研究。本章以养老服务企业和老年人为对象,采用实证方法,从需求对象、需求行为以及与之相关的影响因子等方面进行实证分析。首先，在中国16个地区进行了一项针对60岁及以上老年人和养老院的大型问卷调查。其次，利用回归模型，对中国老年人群体的融资需求和金融产品的选取进行了研究，并利用趋势值比对方法进行了稳定性测试。

第八章是对我国养老服务业的融资模式进行实证研究。本章将中国当前的养老保险制度的金融支持状况进行了较为完整的回顾，并将其与第七章所述的金融需求进行比较，指出当前我国养老市场和金融保险制度所面临的主要问题，并据此进行实证研究，为进一步探讨我国养老机构融资渠道的设计和实施奠定基础。

第九章对我国养老服务业的金融市场支撑进行了实证分析。本章以调研资料、理论分析为依据，进行了实证研究。从经验上来分析，当前的金融体系对中国的养老服务行业发展并没有产生显著的积极影响。为了更好地推动我国的养老服务业发展，必须加大对金融市场的支持力度，扩大其业务类型，提高其开放程度，使其结构优化、升级，使之更好地发挥其在产业发展中的重要功能。

第十章是探讨中国养老保险制度融资的途径。这一章是对前面内容的回答，主要从多个方面来探讨中国养老保险制度建设中的主要问题，以及中国养老保险制度建设的主要原因。本章从中国三大基本模型的角度，对我国的养老保险制度进行了研究，并在此基础上，对其进行了财务支撑的分析。

第十一章是本研究的重点研究对象，主要论述了养老服务业的金融支持创新发展路径，即促进大健康产业圈层的融合发展，而不是孤立地发展养老服务业。

第十二章对本研究的研究成果进行了归纳，并对中国养老服务业和金融市场的发展提出了一些具体的意见。

1.5 研究的创新

将金融市场供给与养老服务体系建设有机地联系起来，对我国养老服务体系中的居家养老、社区养老、机构养老三种养老服务模式产生的不同金融需求，分别设计金融支持路径是本研究的一个创新之处。同时，本研究进行了相关的实证研究，梳理了老年人与服务企业的金融需求特征与影响因子，为设计金融支持路径、提出政策建议提供了有效支撑。

  本研究立足新的视角,以建立我国的特色养老服务体系为出发点,通过对金融机构的运行进行定性与定量分析,并结合我国的实际情况,对我国的养老保险制度建设进行了探讨。研究的内容具有系统性,不仅为我国建立社会保障制度所面临的融资难题提供了解决方法,而且有助于实现资源的集成与金融创新。

  本研究具有一定的实用性,可操作性强,研究成果可直接用于指导实践,避免理论脱离实践。一方面,选题本身来源于实践,来源于现实需要,是当前社会的热点问题,也是亟需破解的难点问题;另一方面,选题紧密结合我国特点,立足我国社会养老服务体系建设实际,充分把握我国金融服务业的优势,通过全面详实的研究分析,力争做到理论上有突破、建议上有创新,研究结论对养老服务体系的融资能力提升有实际的参考价值。

第 2 章　金融市场支持养老服务业发展的理论分析

2.1 养老产业与金融的结合

产业与资本的结合是经济发展的一个重要趋势,产业需要借助资本的力量成长和扩张,资本需要通过与产业深度协同,将自身的资金优势发挥到最大。

2.1.1 金融支持与产业生命周期

产业生命周期的阶段性特点决定了其对金融的需求及对金融工具的选择各不相同。处于产业初期的企业,往往资产规模小、技术不成熟、产品单一,且面临更多的不确定性风险,难以获得外部投资。但是处于这一阶段的产业由于刚刚建立,往往需要较多资金。此时,对于特定产业的发展所采取的金融措施,主要为政策性金融措施,即在政府政策的支持下,为处于幼期且需要重点扶持的企业给予资金支持,使其成长壮大。在产业成长阶段,公司的经营风险已经转变为资本需求不足的问题。尽管这一时期公司的运营表现已经逐步显现,但是与公司的股票发行目标仍存在着较大差距,很难在股市中进行有效的筹资。在此期间,企业的资金来源以商业银行的信贷和创业资本为主。在产业成熟阶段,公司的发展潜能得到了全面的发挥,公司的经营绩效得到了快速的提高,同时也大大降低了运营的风险。这个阶段的公司需要大量的资本,以便继续扩展产能,进行新技术的研究和开发,以维持在市场上的竞争优势。在产业成熟阶段,企业的融资渠道是以商业银行、资本市场为主导。在产业低迷时期,由于对生产的需求不断下滑,利润不断减少,有的甚至会造成巨大的损失,许多公司开始从本行业转移到其他行业,这个阶段的公司,资本的需求量比较小,其资本的供给以公司自身的资本为主导。

2.1.2 金融支持与特定产业发展

区域经济研究学者蒋三庚教授在《中国区域金融及发展研究》一书中指出产业金融包含了三层含义。

1. 产业金融是一种与特定产业发展密切相关的金融形式

这里所说的特定产业,是对国民经济发展相对重要的主导产业或支柱产业,并且在其发展过程中所产生的金融需求通过金融市场化手段难以得到有效满足,为此,产业金融应运而生并蓬勃发展。如中国经过多年实践而发展起来的科技金融、环境金融、文化创意产业金融等。

2. 产业金融能针对特定产业提供专业化的个性金融服务

产业金融以特定产业为出发点和落脚点,针对特定产业的经济技术特点,为其提供更行之有效或成本更低的金融服务。

3. 产业金融与产业政策密不可分

一方面,产业政策是产业金融活动得以展开的基础,脱离了产业政策,产业金融不复存在;另一方面,产业金融是产业政策得以成功实施的重要保障,缺乏产业金融的支持,产业政策的实施将不可避免地面临一定的困难。因此,产业金融的重要特点就是它存在着公共金融和政策金融属性。

产业金融对于产业发展具有重要的作用,主要表现在融通产业发展资金、实现企业价值增值、促进产业结构优化三个主要的方面。其重要作用是,为某一行业的发展建立起一种金融体制,即以政策引导、担保、利益赔偿等方式来支撑和消除金融系统对某一行业的发展,满足了对金融系统的审慎监管需求,进而将其作为连接行业发展的桥梁。

2.1.3 金融改革与创新

中国现阶段的金融发展存在诸多问题,应通过深化金融改革,特别是金融供给侧改革来减少矛盾,推动金融更好地服务于实体经济,重塑资源配置,持续提高金融供给质量和效率,促进金融创新。

金融创新主要是客户、产品和渠道创新。差异化是衡量金融创新的重要尺度,没有差异化就没有核心竞争力,也就无法体现金融业真正的专业水平。金融组织要以差异化的方式来实现自身的竞争优势。建立健全、多层次的资金交易制度,不仅是金融与行业的发展相适应的必然要求,更是金融服务于经济发展的必然要求。

目前,中国的养老行业还处在一个行业的早期阶段,其风险与经济效益是相互依存的,因此,在发展的前期,必须要有国家的宏观调控与财政的共同努力,并且要在供给端的大环境下彻底根除金融歧视,以金融改革推动我国的养老服务业持续发展,让我国处于产业早期的中小企业能够得到更多的外部资金。

从产业金融的特征、作用以及产业的发展循环等方面分析,不难发现当前中国养老服务业的发展时机已经成熟,必须通过金融手段来突破发展的瓶颈,从而达到一个新的飞跃,而这也必然是金融创新和金融发展新的增长点。

2.2 养老服务业金融市场支持必要性分析

由于中国人口老龄化程度的加深,老年人对各种服务的需要也在逐步扩大,因此需要对专业人才、资金、土地、信息等各种生产要素进行整合。而作为"准公共品"特征的老年服务业,其产业化进程必然需要国家的扶持。中国每年都要投入大量的资金来填补发展中的养老服务业的资金不足,但随着我国债券的发行、财政支出的增加,我国养老基金的供给率也会逐渐下降。所以,要发展我国的养老产业,不仅要依靠政府的财政扶持,还要依靠金融市场的力量。在服务机构中,财政对服务机构的运作,实际上是更好地分配服务机构的资源。直接金融市场、间接金融市场和私人资本的参与,可以为我国的老年服务业发展带来更多的融资。它既可以引导流动资本,又可以使现有的资本结构得到最大限度的优化,并可以利用各种融资方式来提升融资的效率,增强融资的控制水平,通过对具有发展潜能的高质量养老服务供应商进行资金的配置,实现对养老服务业的优胜劣汰。本书通过对我国相关研究成果进行了较为全面的梳理,提出养老服务业发展中的金融市场支持的目的,是以财政政策为引导,利用多种途径对养老服务业的生产经营等衍生活动进行资金支持,从而对养老服务业发展中存在的资金供给与需求间的矛盾起到一定的缓解作用。

2.3 支持养老服务业的金融类别

2.3.1 间接融资市场金融支持

发展老年服务业已经是中国面对人口老龄化的必然选择,其中,民营企业和非银行企业在发展过程中起到了重要作用。而银行业作为中国金融体系的支柱,在养老服务领域的发展中起着举足轻重的作用。

1. 银行业可以有效地支持养老服务业发展

中国老年人数量庞大,且"未富先老"的特点十分突出,各地的财政退休金也有很大差距。由于多数银行资本较为雄厚,加大其对养老服务业的金融支持力度,可以缓解各地的财政困难,提高我国的养老服务质量。

2. 有助于实现多样化的老年护理

当前,中国"4-2-1"的家庭格局十分常见,传统的居家养老方式已经无法适应现代社会的需要,因此,构建多元化的老年人照料体系是必要的。对高品质养老机构,特别是"普惠性养老"的经营方式,商业银行提供了一定的信用担保,可以有效地促进多元、多层次的养老机构的发展。

3. 促进养老服务的良性发展

银行资金可以起到导向的作用,根据各项金融法规的指导,商业银行在养老服务领域进行了大量的投入,可以吸引更多的资金,从而推动其健康发展。

中国的老年服务行业发展的时间尚短,其经营活动中存在各类风险,因此,可以充分发挥商业银行的优势,运用资本和借贷的方式来进行风险管控,按其养老职能定位,规范其发展。同时,商业银行具有良好的风险管理体系,可以对养老保险行业进行评估和预测,有效地缓解了养老机构在运营中出现的信用危机、资金链断裂等问题。

4. 商业银行的业务

在促进我国养老服务业发展的基础上,我国的商业银行推出了以下几种产品和服务。

1) 信贷支持

信贷支持对象主要包括三个重点领域。第一,支持养老机构和老年公寓的建设,解决"老有所养"的问题。支持方式主要是直接提供短期流动性资金作为工程贷款,支持项目日常运营,或是提供固定资产抵押的长期贷款,支撑项目开发和施工。第二,支持医疗设备、医疗保健和药品制造行业,解决"老有所医"的问题。主要贷款于满足老年人日常生活需要的医疗服务,以及为老年人提供保健品和辅助康复用品的企业。第三,支持老年教育、老年旅游的项目,实现老年教育和老年生活的全面构建。关注老年人对新技术新知识的渴望,支持各地老年大学的建立,为老年人提供知识和丰富其晚年生活。

2) 企业年金托管

企业年金由企业自愿建立,2021年覆盖率为3.9%。2013年公布的《关于企业年金职业年金个人所得税有关问题的通知》(财税〔2013〕103号)指出,在新税收政策下，中国企业年金个税部分与美国等发达国家接轨，实行 EET 税收模式（E 为免征个税，T 为征缴个税），即在缴纳费用和投资的环节免征税款，而在领取金额的环节征收税款。企业年金递延个税，大大地激励了各企业设置及员工参加年金计划的主动性，极大推动了企业年金项目的成长。同时，年金业务属轻资产业务，无需占用银行的任何资本就可以实现收入的增长，所以也是商业银行转型发展的一个有利方向。当下，五大国有银行及大量股份制银行都纷纷从事企业年金及员工福利计划，供应专业顾问、账户托管及投资指导等服务，对于参与计划的员工可查询自身年金量，并积极拓展个人贷款、理财产品销售，从而提升银行个人金融业务的覆盖率。截至 2021 年，创立了企业年金基金的企业账户个数已经达到 11.8 万个，职工 2875 万人，托管资产金额积累达 2.6 万亿元。

3）开发专门为老人设计的理财产品

中国的基础退休金不断上涨，部分老人有着很强的购买力，而利用有效、合理的理财配置可以将其转化成对各种不同的理财产品和服务的现实需要。养老基金可以通过保值、升值来实现养老计划、支付结算、生活保险等多种个人金融业务。"支付型"的养老服务，可以满足客户的支付要求。"咨询型"养老服务，可以满足财富咨询、养老计划、消费贷款等方面的需要。"投资型"养老金的收益稳定，期限灵活。

4）为老年人提供更多的财务机会

银行要优化自己的网络结构，向老年人集中的养老社区、老年公寓等区域延伸，以打开"最后一公里"，提高金融服务的可利用度。与此同时，政府需要加快网络改造，加强助老设施、无障碍设施建设，开辟专门区域、绿色通道等，为老年人提供方便、快捷、安全、闲适的养老服务。

保险公司在促进我国的发展中所起的支撑作用也是本研究的重点。在理论上，保险公司进入养老服务业的途径有两个：一是开发养老保险产品，二是发展养老服务。保险公司通过资金运营，在养老社区、养老服务机构等方面进行投入，从而进军养老服务业。国内保险公司将两者结合起来，建设成老年住宅区，并在保险产品上进行了创新。

在产品开发方面，商业养老保险是中国养老保障体系的第三支柱，对中国目前基本养老保障资金不足的问题能起到有效的缓解效用。随着个人税收递延型养老保险的试点，养老服务业将进入政策利好的大环境。所以，中国的养老保险公司需要增加产品开发度，大力开发适合老年人投资的健康险、意外险以及长期护理险等保险产品。此外，老年人用品的供给也是必不可少的。在经营过程中，养老服务企业很难对全部的损失进行有效的规避，因此财产险可以为其承担相应的责任,并对其进行系统性的风险控制。中国老年人用品的主要供货商数量较少,产品品质较低,因此可以为其提供适当的责任保险。

《保险法》于2009年修订,此后,很多保险公司都投资于建筑行业中,其中三大保险公司具有代表性,他们从不同的市场,根据不同人群的不同特点,开发各具特色的保险产品。泰康人寿以保障高端人群为宗旨,在泰康之家的基础上,推出了一款"乐福新生命养老金"的分红产品。合众人寿致力于为中高端人群提供优质的服务,并以"保险费+手续费"的方式,与合众健康谷合作,推出了一款"合众人寿优年养老定投两全保险"。而新华养老,以面向广大顾客为主要目的,利用其控股的新华家园,通过闲置的资产来建设养老设施。

2.3.2 直接融资市场金融支持

资本市场可以拓宽资金来源,从而推动养老服务企业的资金积累,并能有效地化解市场中的各种风险,从而为我国养老产业的发展提供了一种无可取代的作用。

在股市方面,国家一方面鼓励我国的优秀养老企业在证券交易中获得资金。而发展相对成熟、效率更高的养老机构,则可以通过降低挂牌门槛,在创业板或中小板获得直接融资。吉林省官马养老产业集团是中国在2015年度推出的大型老年服务业公司,它将为中国的老年服务业发展提供一个很好的榜样。而中国的中小型养老机构可以通过借鉴外国的成功模式,在强化监督的前提下,积极探索设立OTC市场,拓宽融资途径。另外,现在很多公司都投入了大量资金来投资安居行业,这也使得实体养老机构的发展得到了极大的推动。从2015年开始,养老概念板块表现出强劲的动力,涨幅明显。目前,许多企业围绕养老地产、医疗、休闲娱乐等领域进行了大量的投资,在保险业和服务业等领域积极地进行着对中国养老服务业的深度活化。

在债市方面,2015年,国家发展改革委出台了《养老产业专项债券发行指引》,鼓励企业和民间资金以证券投资促进我国的发展。《养老产业专项债券发行指引》鼓励为老年人的生活和疾病护理等特殊领域的企业发展,发放养老产业专用债券,从而筹集资金建设养老设施和保障老年人的健康保险。债券的具体上市流程如图2-1所示。

地方政府债券是以地方政府为主体发行的债券,募集到的钱大部分用于公共服务。在还款上,一方面是工程本身的收入,另一方面是由国家提供的财政资助。鉴于我国目前的养老服务类主业具有一定的"准"性质,且与目前的"城投

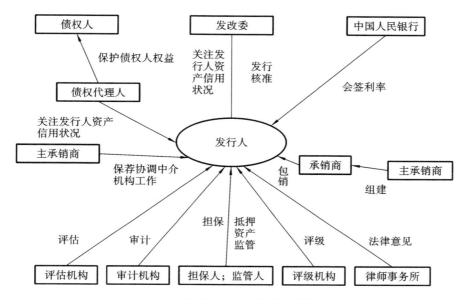

图 2-1　养老产业企业债券发行模式

债"的发行需求相吻合,再加上国家发改委出台的"特殊指导"等政策,使得目前各地区对"城投债"的热情空前高涨。2016 年,湖南省宁乡建投集团获得了一批符合要求的特殊养老金专用国债,募集到的款项将会全部投入宁乡阳光养老小区。2017 年,山高密市城市建设投资集团有限公司发放了一笔总额为 5 亿元的 7 年债券。在国家的政策温暖下,专门债券的发放为各类养老计划提供了一个新的筹资渠道,其优势在于所支付的费用较少,融资时间较长。

2.3.3　民间资本支持

在我国,由于养老服务行业的投资收益与风险不可预测,且投资流程比较烦琐,再加上私人资金的短期效应,使其在很长一段时期都没有得到私人资金的支持。为解决我国养老机构长期以来的资金供应结构失衡的问题,必须推动我国的养老服务产业进行结构调整。2017 年,财政部印发《关于运用政府和社会资本合作模式支持养老服务业发展的实施意见》,提出要坚持以政府主导、市场驱动为导向,充分发挥各类市场主体参与养老服务公私合营项目建设的积极性,推动社会资本逐步成为养老领域中的主要投资主体。

养老服务具有初期投资成本高、运营周期长、盈利水平低等固有缺点,但也具有政府高度重视、帮扶资金多、需求稳定、成本透明性等优点,适宜引进公私合作的方式,增强民营企业对其发展的扶持。2015年5月,国家发展改革委公布了首批1043个公营工程,其中包括老年护理、健康养生等,总投入达300亿元。选择一些需要长期稳定和长远发展的养老项目作为试点,探索创新的互助机制,同时可以创建行业标准,有效地利用其在国家养老服务计划的指导和促进作用,强化实践,探索中国的养老服务企业公私合作模式,吸引更多的私人资金流入。表2-1所示为第三批政府和社会资本合作示范项目中养老类项目。

表2-1 第三批政府和社会资本合作示范项目中养老类项目

序号	所属省	项目名称	投资额/万元	一级行业	二级行业
1	江苏	宜兴市丁山养护院	29993	养老	养老业
2	江西	上高县人民医院东院与上高县医养康复护理院医养融合PPP项目	55000	养老	医养结合
3	山东	山东省烟台市蓬莱市智慧健康养老服务PPP项目	70790	养老	医养结合
4	山东	山东省潍坊高密市社会福利优抚救助中心PPP项目	30000	养老	医养结合
5	山东	山东省济宁市汶上县中都怡养结合项目	9000	养老	医养结合
6	山东	山东省聊城市茌平县金柱盛世千岛山庄生态养老项目	234483	养老	养老业
7	山东	山东省菏泽市民政医养服务中心项目	33556	养老	医养结合
8	山东	山东省菏泽市牡丹区枫叶正红医养一体化养老项目	116730	养老	医养结合
9	河南	许昌市襄城县河南龙耀健康城医养结合PPP项目	50000	养老	医养结合
10	湖南	湖南省湘潭市岳塘区湖南天伦医养康复中心PPP项目	22814	养老	养老业
11	陕西	商洛市中心老年公寓	24000	养老	老年公寓
12	新疆	哈密地区第二养老院PPP项目	25300	养老	养老业

1. 公私合作的方式

公私合作的方式主要有以下几种实现路径。

1）安老院

鼓励政府主管部门把现有公立养老院交给社会资金管理。协助政府机关、企业、事业机构改造其所经营的度假村、培训中心及出售租赁困难的商品住房，利用国有企业和私营企业的经营方式，转型为养老服务，吸纳民间资本进行经营。

2）建立一个新的社区老年制度

鼓励乡镇社区设立社区老年服务网点，在社区内建立综合性服务机构，提供老年午餐、社区白日照料等服务。此外，还可以采用公私合作的方式，对辖区的社区养老设施实行统一管理。

3）养老与健康的有机结合

支持养老机构与医院及大的健康服务机构合作，建立"健康治理为基础，养老服务为中心，医疗服务为支撑"的全寿命周期养老服务链，建设部分以养老为主体，并附带健康管理、运动健身、医疗保障、学习教育、娱乐等现代服务的"养老＋"。

2. 公私合作的发展道路

要想更好地促进我国的养老服务事业的发展，可以采取如下措施。

1）加强对公营和私营企业的支持与监督

可以通过税收、土地等方面的优惠措施来激发社会资本对社会养老服务的热情。在日常监督方面，设立专门的风险控制机构，强化风险控制，形成利益共享和风险共享的机制。正确处理好政府和市场主体之间的矛盾，调动全社会的积极性，推动养老服务事业健康发展。

2）对养老服务中的公私合作融资模式进行改革

一方面，通过各种形式的银行信贷，以保证工程的资金供应和风险控制。另一方面，利用互联网，以众筹方式获取资金，提高融资渠道的透明度，促进更多的政府和企业合作项目得以落实，从而进一步促进中国养老服务事业的发展。

2.3.4 保险业支持

中国的保险业建设养老小区主要有以下几个发展过程。

2007—2012年是借鉴探索阶段。这一时期，我们从美国和日本等发达国家的先进经验中，探讨在我国建立和运营养老小区的路径和方法。当时，武汉只有一家企业和合众人寿保险公司启动了一项养老服务小区的建设。

2012年6月—2015年5月是建设起步阶段。在此期间,保险业逐步加大了对养老社群的投入,包括泰康、中国平安、新华等多个大型企业。泰康之家旗下的燕园、申园、粤园项目相继启动;新华家园小区顺利完成了基础建设;中国平安养生养老与生活结合的综合服务社区落地浙江省桐乡市;中国太平集团在上海的"梧桐人家"项目取得了重大进展。

2015年6月—2020年5月是加快布局阶段。这一时期,泰康、合众、中国平安、中国人寿等公司加快了对养老市场的规划,如泰康和合众都是在同一时间建造多个项目。具有代表性的有:泰康之家的燕园、申园、粤园三个项目已经开工建设,吴园项目的基础建设和海南的休闲乡村建设项目也已经启动;合众人寿着手在海内外并购了以老年人保健为重点的养老服务;中国人寿在江苏、海南和天津建立了健康的养老服务圈;阳光人寿建设了"阳光颐康"工程,全面涉足安居行业;新华博鳌首批养老院项目正式竣工。

2020年起,是持续改进与发展阶段。《中国保险养老社区发展研究报告》显示,到2020年9月,10家保险公司在北京、天津、上海、江苏、广东等20个省区(直辖市)建设了47个养老社区,投资总额约为2347.82亿,病床数目超过8万张,部分养老社区也已投入运营。

目前,中国已有不少保险业公司开始从事以老年人群养老为主的社区开发和扩展业务。这是一个庞大而复杂的系统工程,既需要保险公司和相关各方的投资,又需要政府和相关机构的大力扶持。只有多方携手,才能推动国内的保险养老共同体更好地发展。

2.4 影响支持养老服务业的金融因素

发展我国的老年服务业,不仅要依靠政府的财力和企业自身的资本,还要依靠金融市场的力量来支撑。对养老服务行业来说,金融市场最基本的功能就是配置好资金、人力资本等社会资源,以推动该行业的发展。所以,从金融筹融资、资源配置和调节功能的角度看,金融市场的配置过程共包含三部分。

(1)直接增加流向养老服务业的金融资源总量。

(2)提高资源配置效率,从而间接增加金融市场支持促进养老服务业成长发展的力度。

（3）通过对自身进行优化，直接及间接影响养老服务业中金融资源总量。

也就是说，在金融市场支持养老服务业发展的过程中，具体是通过金融规模因素对金融市场支持进行"量"的衡量，通过金融效率因素对金融市场支持进行"质"的衡量，而通过金融结构因素对金融市场支持在整体层面的衡量，进而推进养老服务业的良性发展。

所以，可以从金融规模、结构和效率三个角度来分析金融市场对我国养老服务业发展的影响，如图 2-2 所示。

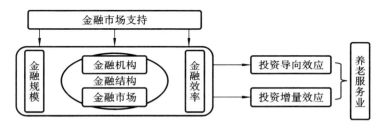

图 2-2　金融市场支持促进养老服务业发展的具体机制分解

2.4.1　金融规模

金融市场对养老服务业的扶持，覆盖了整个市场型金融的整体发展。市场化融资的方式是：直接融资、间接融资和个人融资。为满足广大企业的需要，国家应提供有利的政策和财政支持，更多地引导企业从银行借贷和多层次的资本市场中融资。鉴于目前我国的养老服务企业和项目的分布比较分散，资金规模也比较小，因此，可以在贷款抵押、贷款方式等方面进行改革，开发更符合老年人需求的专门理财产品，扩大企业贷款规模。而在直接融资方面，可以放宽创业板的上市条件，也可以通过发行专门的公司债来筹集资金。

通过金融市场来促进我国养老服务产业的发展，其途径是扩大资金投入和完善资金结构。

1. 扩大资金投入是形成产业资本的基础

扩大资金投入很大程度上依赖于资本的生成和资本的引导。所谓资本生成，就是利用社会上的闲散资金，将其货币转换为储蓄（不仅仅是银行存款），然后利用市场资源分配职能，将其转换为企业发展的资金。所谓资本引导，就是通过市场的"隐形之手"和政府的"有形之手"引导，使得资金能够以合理的方式流入到各行业。所以，资本的生成可以有效地化解资金缺失的问题，而资本的引导可以控制资金的流向。在现代社会的发展过程中,各个金融机构和中间商建立起一个强有力的信息网络,可以有效地解决存款人的信息不对称性问题,从而提高存款人的信心,以此来筹集更多的社会闲置资金。与此同时,在不断创新的产品研发中,为行业提供更多的金融服务,可以有效地解决我国目前存在的产业资金短缺问题。

2. 促进养老服务产业发展必须有完善的资金结构

在养老服务产业中,由于前期资金投入大、资金回收周期较长、资金流动较少,因此,公司的盈利难以弥补因运营而造成的成本投入。养老服务产业初期的短期现金流量为负值,发展速度缓慢,造成了高投入的特点;资本的趋利化使得养老服务的投资规模也比较小,要实现养老服务产业的飞跃和发展,就必须建立起充分、长效的资金结构,这是实现养老服务企业健康、可持续发展的重要财务基础。在养老服务产业发展过程中,必须拥有足额的资金,以引进新的设备、拓宽服务种类,同时培育更多专业的护理人员。从宏观而言,扩大金融支持的总体规模能增加市场中的资金供给量,加大流向产业的资金,从而可以缓解产业发展中的资金困境,同时也会影响资金来源结构,进一步优化整个金融系统。由于目前金融市场不完善,银行信贷仍是金融市场的支柱,私人资金的引入机制也还有待优化。因此,应改进各种金融约束,推进金融深化改革,建立一个市场化水平更高的金融体系,从而更好地扩大养老服务业的资本形成规模。

2.4.2 金融结构

雷蒙德·戈德史密斯是金融结构理论的代表性人物,他把金融结构的总体分布、规模和合作状况视为金融结构中各种金融市场、金融机构和金融工具的组合。金融业在不断地完善和演化,金融业的扩张可以看作是金融业发展的先决条件和依据,而最优的金融结构将直接关系到其能否健康地发展。最优的金融结构包括两个层面:高级化和合理化。金融结构高级化是指金融市场、金融机构和金融产品多元化的演进。金融结构合理化主要是指各金融部门、各要素之间的关系更加协调,配置更加合理。

(1)不同的财政组织结构会对储蓄向投资转化的有效性产生一定的作用,从而对我国养老服务行业的发展产生一定的推进作用。

从融资方式的角度来看,主要有两类:一是直接金融,二是间接金融。在直接金融中,以发行股票和债券为主要手段,融资费用相对低廉,但对其发行资格要求高,且具有一定的准入条件。在间接金融领域,公司的融资方式以银行为主体,其融资手续费用较高,但门槛较低。

中国的老龄化社会仅依靠国家财政支持很难持续下去。"社会福利"是促进我国养老服务事业发展的重要机遇。民间资本建立的养老机构,大部分都是从原来的政府管理体制中剥离出来的,很少有完全依靠民间的力量建立起来的,所以发展的速度并不快。

中国的人口老龄化是在 2000 年加速的。政府各部门出台了一系列鼓励发展养老服务产业的政策,同时也放宽了对养老服务产业的市场准入。由于直接金融领域的融资门槛太高,普通的公司很难达到融资的条件,大部分企业都是通过间接的金融方式融资,而将存款转换为投资的效果也是以间接的方式进行的,并且转换的比例比较小。因而,银行贷款规模、贷款种类和贷款的便利性将会对养老服务企业的资本构成产生直接的作用,成为保障其发展的前提。2000 年以后,中国的养老服务业已经初步形成了规模,并且在各方面都有了初步的发展。

自 2012 年起,我国金融业整体发展水平不断提高,我国的金融产品品种不断增多,企业的组织类型也日趋完善,金融市场日趋健全,金融体系不断优化,储蓄与投资的转换效率得到了极大的提升,这为我国养老服务行业的发展创造了一个有效、公开的融资平台。而证券市场具有较高的流动性,可以使投资者更好地完成投资的期限变换,为我国的养老服务产业提供充足的资金支持。在生活照料、医疗保健、精神慰藉和财务理财等领域,养老服务产业得到了全方位的发展和完善。

(2)完善金融结构才能提升金融服务实体经济的效率,拓宽养老服务业的融资渠道。

我国的金融体系是典型的银行主导型的金融结构,养老服务企业等实体经济的投融资行为主要通过银行体系的间接融资实现,银行主导型金融结构具有规模经济、节约成本的特点,但银行体系"续短为长"的特点以及天生的谨慎性决定了其对投资周期长、回报率低或高风险的企业投资不足,限制了养老服务企业,尤其是中小企业的融资途径。完善金融结构,发展直接融资市场,可以满足不同风险水平和风险偏好的企业投融资需求,为处于不同生命周期的养老服务企业提供有效的金融支持。

2.4.3　金融效率

从理论上来说,金融效率指的是融资的有效性,也就是各种金融资源的最佳分配。简单来说,就是在完善的监督机制和有效的调节机制下,金融组织作为中介，或者通过融资渠道，从市场上进行融资。各种经济要素的合理分配和使用，将直接影响到财政的分配和使用。因此，有效地进行资产的分配，将有助于提高我国的养老产业的资本构成比例。

1. 财政盈余对财政效益的影响

总体上来说，可以利用适当的财政动员手段，将社会上现有的财政结余转换成可供其使用的资金。但在实际操作中，由于各种融资手段的效率问题，必然会造成一定程度的剩余资金流失。因此，在一定的经济条件下，财政盈余能否更好地转换为可供使用的财政资金，这将直接影响到财政的有效性，而财政的有效性则依赖于各种体制下的财政动员方式。财政动员方式主要有：市场型和管制型。所谓的"市场型财政动员"，就是将银行、证券公司等中间机构，向剩下的所有人支付一笔相当可观的费用，然后将其收集起来，再将其转换为存款，并将其转换为有效的、可控的投资基金。在该方式中，民众或企业拥有自身所持有资金的所有权，但使用权委托给了银行等金融机构，金融机构给剩余所有者兑付一定的收益，从而得到对资金的支配权，剩余资金进入了银行等金融机构之后将转变为银行的储蓄资金，这是银行能进行大规模信贷业务的基本保障。因此，在市场型财政动员的传导机制下，均衡利率的高低将决定储蓄规模的大小，储蓄规模的大小将决定信贷规模的大小，信贷规模的大小又将决定投资规模的大小，进而影响产业发展与经济的增长速度。

而管制型财政动员与前者的差异之处为，在该方式下财政剩余资金转化为银行储蓄的过程中起决定作用的并非均衡利率而是政府的行政力量。在这种管制型财政动员模式下，各国政府通过各种手段，对财政和国民经济进行区别性的干涉和控制，从而积累和吸收财政过剩的资金，将其转换成可用的资金，由国家来分配。这种模式下，人们将自己的财政盈余储存到诸如银行这样的金融组织中，但所得的收入取决于官方控制的利率，而官方利率则会与市场平衡的水平背道而驰。与此同时，在建立银行体系、设计管理制度和进入市场的门槛等方面，也可以通过对金融体系进行全面的介入。因此，在这种模式下，管理的有效性将直接影响到组织的效能。管制型动员的总体动机包括两个方面：第一，为某一地区快速发展提供资金。降低控制利率，降低投资者所需资金的花费，从而将新的资本引入。第二，保持整体的金融系统的稳定。由于银行等金融组织在市场上争夺更多的资金盈余，会故意提高利率以吸引更多的存款，这会造成大量的高利息、高风险的贷款，进而威胁到银行乃至整个金融系统的稳定。伴随着金融中介的退出和利率市场化程度的提高，监管手段的缺陷日益凸显。但如果要彻底采取市场化的方法，就必须建立健全的监督体系和有效的市场收益率，以防止恶性的竞争。所以,可以根据所要达到的经济指标和财政情况,选择适当的财政动员方式,并通过适当的市场和管理来提高财政的有效性。

2. 提高财政效益可以优化资源分配,进而推动养老服务业发展

投资于养老服务领域的资金能力是养老服务业发展的前提和关键因素。而财政盈余仅是一种隐性形态,必须选择特定的筹资手段,并进行相应的金融产品创新,使之成为真正的可利用的资金。而提高财政效益对养老服务业发展的影响主要表现在以下几个方面:一是在保持财政规模不变的情况下,加大对养老服务机构的资金分配,从而使其规模不断扩张。提高财政效益,可以将存款转为投资,通过信贷投放、发行债券等方式,提高养老服务投入,降低投资成本,缩短资产回收周期,扩大银行放款,为我国的养老服务产业发展奠定良好的融资基础。二是利用资本引导的效果,也就是利用资本的引导功能,让更多的高质量的资金流向老年服务机构,进而达到最优的养老服务体系。这两个功能可以促进大量的资金进入养老服务业,从而增强其资本力量,扩大其服务品种,提高其硬件设施和强化其人才培养。另外,要针对高龄老人的个性化需要,进行持续的革新,以提高其综合竞争能力,进而推动整体的发展。这样才能更好地发展,才能获得更多的投资,形成一个良好的循环。随着金融市场开放程度的提高,金融创新的产物层出不穷,金融领域对养老服务业的投资也越来越多。

从上述的角度来看,扩大金融业的规模可以拓展养老服务业的资金来源,强化其资金的构成,为其发展奠定基础。金融体系的优化,是促进我国社会经济健康发展的关键,也是解决我国养老服务业发展问题的关键。而有效地分配资金和提高财政效率是提高老年人可支配资金的有效途径。换句话说,在一个完善的财政支撑系统中,以扩大经营规模和优化结构为基点,是金融业发展的最直观体现,而在将前二者结合后,效率的提升将全面体现出来。适当的融资规模、合理的融资架构、提高财务效益是推动我国养老服务业发展的关键因素。

2.5 本章小结

本章为我国养老服务体系的建立、为养老保障制度的建设提供了理论依据。本章从存款生命周期理论、金融结构理论和金融效率理论三个角度对我国养老保险制度金融支撑的理论进行了总结。研究结果表明,居民对养老金融的需求

具有重要的现实意义,金融结构的相关理论为中国养老保险制度的融资支持路径的构建提出了一种新的思路。目前,我国的养老服务业还处在起步阶段,需要财政政策的扶持来扩宽融资渠道。总体上,需求和理论相辅相成,为完善中国养老保险制度提供了更加扎实的依据和方法。

Chapter 3

第 3 章 金融支持养老服务业发展的数据分析

3.1 养老服务业发展现状

3.1.1 老年人口总量及消费需求变动趋势

从人口老龄化的角度看,中国老龄人数多、体量大、增速快,这强有力地驱动了社会对养老服务业的需求。2020 年,从年龄构成看,中国 15—64 岁的劳动年龄人口有 96871 万人,占全国人口的比重为 68.6%;65 岁及以上人口有 19064 万人,占全国人口的 13.5%,这一比重相较于 2008 年的 8.3%而言增长了 5.2 个百分点。中国老龄化形势日益严峻,详尽的人口结构如表 3-1 和图 3-1 所示。

表 3-1 2020 年中国人口年龄分布与占比情况

	总人口	0—14 岁	15—64 岁	65 岁及以上
人口数量/万人	141212	25277	96871	19064
占比/(%)	100	17.90	68.60	13.50

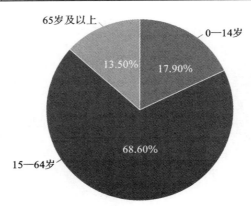

图 3-1 中国 2020 年不同年龄段人口数量占比图

(资料来源:《中国统计年鉴 2021》。)

中国规模庞大、增长迅速的老年人群体需要更多的老年保障服务。中国社科院预测,到 2050 年,中国 60 岁及以上老年人口数量将达到 4.83 亿人,老年人口总消费 61.26 万亿元,分别是 2020 年的 1.89 倍、8.74 倍。中国老年人口结构变化趋势如图 3-2 所示。

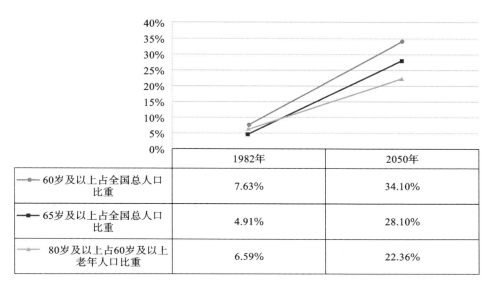

图 3-2　1982—2050 年中国老年人口结构变化趋势

中国持续增加的庞大老年人口,是养老产业的基础。有研究机构对未来老年人口数量预测如图 3-3 所示。

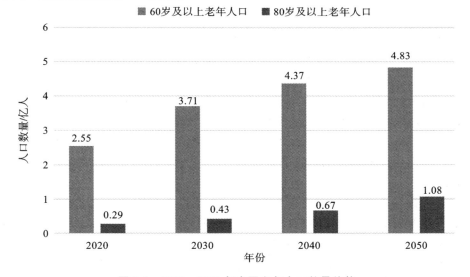

图 3-3　2020—2050 年中国老年人口数量趋势

(数据来源:中商产业研究院。)

老年人口快速增加,使得老年人群体的消费也迅速增长。有研究机构对老年人口的消费测算如图 3-4 所示。

图 3-4　中国老年人口消费趋势

（数据来源：中商产业研究院。）

3.1.2　养老服务业发展规模

《"十四五"国家老龄事业发展和养老服务体系规划》提出了一个整体的未来发展计划：到 2025 年，中国的老年服务发展水平得到明显的提升，老年制度得到完善，能够更快速、科学、全方位地解决人口老龄化问题。

当前，我国衡量养老服务产业的发展规模多以病床数量为标准。近几年，中国的养老院病床数量逐年增长，截至 2020 年，全国共有养老机构 3.8 万家，养老服务床位 823.8 万张，已基本实现了"十三五"规划对养老服务业的部署。

中国注册登记养老机构数量在 2016—2021 年有了很大的改变，并且越来越多（见图 3-5）。

统计数据显示，城市中住在养老机构进行老年养护的老年人以自费为主，占据了总体人数的 87%，"三无老人"占比较低，只有 14.6%。特别是在一些经济比较发达的省（区、市），自费养老的老年人占比更高，如浙江省的自费养老的老年人占比达 87.6%，上海市占比更高达 98.7%。而对部分中西部经济欠发达的省（区、市）而言，"三无老人"则占据更大比重，如四川省"三无老人"的占比为 44.7%。通过对城市养老机构中居住的老年人身体健康状态进行调查统计发现：城市养老机构中，绝大多数老年人都能够做到自我照顾调理或者较大程度的自我照顾调理，而完全不能进行自理的介护老年人数量不多，占比为 21.2%。

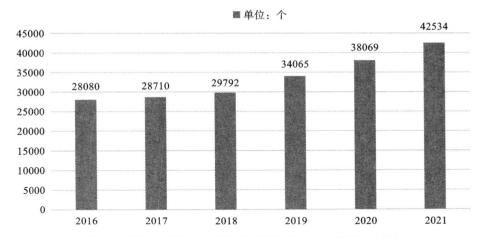

图 3-5　2016—2021 年中国注册登记养老机构数量变化趋势图
（资料来源：中商情报网。）

与城市的状况不同，中国农村养老机构中的老年人以"三无老人"居多，大约占比 82.5%，自费养老的老年人占比仅为 15.4%。特别在安徽省和贵州省，农村养老机构中 95.3% 的老年人为"三无老人"，自费养老的老年人数量极少。在对村镇中居住于养老机构进行老年养护的老年人健康状态考察统计发现，农村养老机构中绝大多数老年人能自理或半自理，生活完全不能自理的介护老年人数量很少，占比仅为 5.8%。2017—2021 年中国注册登记养老机构床位数量也在不断增加，其变化趋势如图 3-6 所示。

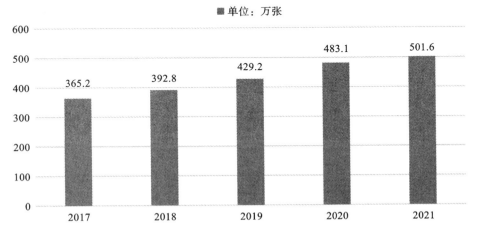

图 3-6　2017—2021 年中国注册登记养老机构床位数量变化趋势图
（资料来源：中商情报网。）

2021年前三季度全国(港澳台地区数据未统计)各地养老机构及床位数量统计情况如表3-2所示。

表3-2 2021年前三季度养老机构及床位数量情况

序号	地区	养老机构数量/个	养老机构床位数/万张
1	河南省	3313	32.3
2	安徽省	2572	37.3
3	四川省	2503	29.0
4	江苏省	2442	44.2
5	湖南省	2401	24.5
6	山东省	2214	36.7
7	辽宁省	2131	18.0
8	黑龙江省	2000	18.0
9	湖北省	1941	25.1
10	广东省	1920	28.0
11	江西省	1847	17.4
12	河北省	1797	24.0
13	浙江省	1737	32.9
14	吉林省	1457	13.6
15	重庆市	1061	11.4
16	贵州省	970	8.4
17	云南省	896	9.2
18	陕西省	767	10.8
19	山西省	737	7.7
20	福建省	732	9.8
21	上海市	681	14.5
22	内蒙古自治区	666	8.0
23	广西壮族自治区	583	9.2
24	北京市	577	10.7
25	天津市	407	6.1
26	新疆维吾尔自治区	381	4.9

续表

序号	地区	养老机构数量/个	养老机构床位数/万张
27	甘肃省	265	3.0
28	宁夏回族自治区	127	2.5
29	青海省	64	0.7
30	海南省	54	0.9
31	西藏自治区	49	0.5

(资料来源：中商情报网。)

3.1.3 养老机构供给

目前，中国养老机构的类型主要有敬老院、福利院、养老院、老年公寓、护老院、护养院、护理院，如图3-7所示。

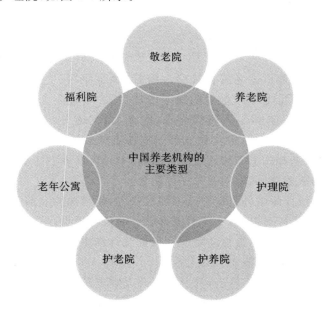

图3-7 中国养老机构的主要类型

(资料来源：智研咨询。)

现阶段，中国的养老服务需求旺盛，作为主要提供养老服务的养老机构承担着重要责任，而机构中工作人员的素质对养老服务供给的质量影响很大。

从 2006 年起，中国开始对在社会福利院、救助组织、卫生服务机构等社会服务组织中提供专业性服务的技术人员进行职业水平考核，给考核通过的人员发放专门的职业资格证书。目前，中国社会工作人员主要有助理社会工作师、社会工作师及高级社会工作师三种等级。

2021 年，全国共有 5.3 万人通过助理社会工作师考试，1.6 万人通过社会工作师考试。截至 2021 年底，全国持证社会工作者共计 73.7 万人，其中助理社会工作师 55.9 万人，社会工作师 17.7 万人（数据来源：《2021 年民政事业发展统计公报》）。

然而，我国老年人口约有 6 成生活在农村，而服务农村的社会工作者则远远不足。

综合来看，我国在养老院从事护理工作的人员总体素质较低，无论是城镇还是农村，具有专业技术资格的工作人员较少，多数工作人员没有接受过正规、系统化的职业再教育和相关的专业训练。而且，他们的年纪都比较大，多在 35 岁以上，文化水平也比较低，拥有大专、本科学历的比例很低。

3.1.4 社区养老设施供给

中国正大步伐地迈进老龄化社会。随着"倒金字塔""空巢"家庭的不断增多，以及高年龄、失能老年人数量的快速增加，过去通过在自家及机构进行老人养护的方法，逐渐不能满足人们的需求，因此，新的方式应运而生。随着国家"9073"养老模式的兴起，这种将居家养老放在主体位置，社区、机构养老作为辅助养护手段的养老方式急需快速发展。目前，中国社区养老主要供应家庭护理、老年食堂、定期探望、电话慰问及日托等服务。

近年来，中国社区服务机构数量增加较快，然而增加的大部分机构是以各个年龄层的人作为服务对象的，专门给老人服务的机构很少，且在社区服务机构中拥有专业证书的工作师总数也非常少。数据统计结果表明，2021 年中国社区服务机构达 20.85 万个，从业职员总人数 2156.47 万人，在这些服务人员中持有助理社会工作师证的仅 25.7 万人，社会工作师人数更是十分稀少，不足 9 万人。

2008 年，中国仅有 14.7 万个社区服务机构和 9873 个社区服务中心；到 2021 年分别增加到 74.7 万个及 5.6 万个。在这些社会服务组织中，专门为老年人提供养护的社区养老服务组织和设施 3.8 万个，与 2020 年对比增长了 35.4%，互助型养老服务设施 12.3 万个，与 2020 年对比增长了 26.4%。

3.2 金融市场支持养老服务业发展的统计分析

3.2.1 银行业支持

托管企业年金作为银行业参与支持养老服务业发展的一个重要的抓手,目前受到了越来越多银行的重视。随着更多企业加入年金计划中,也有相当多的银行取得了托管企业年金的资格,并努力寻求提升其托管的企业年金价值的途径,以促进养老服务业的发展。

企业年金在中国当前退休薪酬替代率不够的情形下,通过企业自愿组建,是一类补充的养老机制。中国在20世纪90年代开始试点,学习欧洲国家的企业年金管理模式,运用受托、账户管理、投资管理和托管四种相互分散的构造实现管制,相互制衡,确保企业年金个人账户做实、投资保值、安全交易。当前,中国完整的企业年金运行体制已基本形成。随着中国人口老龄化加剧,作为首要支撑的基本养老保险由于历史原因以及制度性不足,已经不能满足巨额的养老支出。2004年,由国家主要引导、各企业单位加入的企业年金制度正式开始运行,并保持了较快的增长。截至2021年,我国参与企业年金的企业数达11.75万家,参与职工约2875万人,企业年金规模约2.64万亿元。

2015年,国务院颁发《关于机关事业单位工作人员养老保险制度改革的决定》,明确指出本国的机关事业单位不仅要为员工购买基本养老保险,同时,应建立额外的职业年金。这一决定的出台推动了中国企业年金市场的加速成长,这也进一步推动了企业年金市场新一轮的高速提升,扩大了商业银行企业年金业务规模。因此,中国各大商业银行纷纷取得企业年金账户管理或托管资格,在争取市场份额的同时,促进了自身与养老金有关的业务深度化发展,为养老服务业的发展提供了一定的金融支持。2021年企业年金基金账户管理情况及2021年企业年金基金托管情况分别如表3-3、表3-4所示。

表 3-3　2021 年企业年金基金账户管理情况

企业年金管理机构	企业账户数量/个	个人账户数量/个
中国工商银行股份有限公司	45108	11981912
交通银行股份有限公司	7390	1229659
上海浦东发展银行股份有限公司	2153	258174
招商银行股份有限公司	7420	2074899
中国光大银行股份有限公司	3948	807488
中信银行股份有限公司	951	309147
华宝信托有限责任公司	396	260969
新华养老保险股份有限公司	311	31912
中国民生银行股份有限公司	601	156764
中国银行股份有限公司	12717	3675899
中国人寿养老保险股份有限公司	13603	2327374
泰康养老保险股份有限公司	1082	253034
平安养老保险股份有限公司	1260	441646
长江养老保险股份有限公司	6042	1006020
太平养老保险股份有限公司	368	80391
中国农业银行股份有限公司	3083	249293
建信养老金管理有限责任公司	11084	3605545

（资料来源：根据人社部网站相关数据整理。）

表 3-4　2021 年企业年金基金托管情况

企业年金基金管理机构	托管资产金额/万元
中国工商银行股份有限公司	88746413.04
中国建设银行股份有限公司	48434469.70
中国银行股份有限公司	38046381.86
交通银行股份有限公司	13149752.78
招商银行股份有限公司	19134022.54
中国光大银行股份有限公司	9793576.61

续表

企业年金基金管理机构	托管资产金额/万元
中信银行股份有限公司	13064515.97
上海浦东发展银行股份有限公司	10180759.82
中国农业银行股份有限公司	18959386.02
中国民生银行股份有限公司	4554609.23

(数据来源：根据人社部网站相关数据整理。)

商业银行应从产业链的角度出发，一方面要在全流程中提供优质的服务，帮助公司将养老保险制度的实施做到最好，并主动解答企业在投资方面的咨询，提升资产增值管理水平，进而完善客户体验。另一方面，要主动拓展前台和后台的业务。首先，要充分发挥银行的资金优势，做好公司和个体的投资和融资；其次，通过广泛的渠道、全面的信息和各种系统的资源来帮助公司提高管理效率，提高企业年金的资产增值。

3.2.2 保险行业资金的支持

中国的保险企业对养老社区的建设，大体有以下几个发展时期。

2007—2012年是借鉴式的探索时期。这一时期，中国从美国和日本等发达国家的先进经验中，探讨如何进行投资、建立和运营。

2012—2015年是养老社区的建设起步期。中国太平集团在上海的"梧桐人家"项目取得了重大进展。

2015—2020年是加快布局阶段，泰康、合众、中国平安、中国人寿等加快了对养老市场的规划，具有代表性的有泰康之家的早期建设，燕园、申园、粤园、吴园等已经开业，海南的休憩村落也已经开工。

2020年以后是持续改进与发展阶段，根据《中国保险养老社区发展研究报告》显示，截至2020年6月，10家保险公司在北京、天津、上海、江苏、广东等20个省（区、市）建设了47个养老社区，投资总额为2347.82亿元，病床总数超过8万张。

目前，中国已有不少保险公司开始布局以老年人群的养老服务为主的社区开发。这是一个庞大而复杂的系统工程，既需要保险公司和相关各方的投资，又需要政府和相关机构的大力扶持。多方携手，才能推动国内的保险养老共同体更好地发展。

3.2.3 民间资金的支持

养老服务业虽然具有前期投入高、运营周期长、盈利水平低等先天缺点,但也具有政府关注度高、帮扶资金多、需求稳定、成本透明化等优点,适宜引进公私合作的方式,以增加对其基础设施建设的私人投资。2015年5月25日,国家发改委公布了首批1043个PPP项目,其中包括老年护理、健康养生等,总计投入达300亿元。该工程涉及养老院、养老机构、老年公寓和医疗机构,在国内的分布比较分散,山东、河南和湖南数量较多。可选择一些需要长期稳定和长远发展的养老项目作为试点,探索创新的互助机制。同时,应创建行业标准,有效地利用其在国家的养老服务工程中起到的导向和促进作用,强化实践,探索出适合我国的养老服务企业的公私合作模式,引导更多的私人资金流入。

Chapter 4

第 4 章　社会养老服务体系建设的现状分析

4.1 中国养老服务体系政策演变历程

随着养老服务供需矛盾日益突出，重视社会养老服务体系建设成为各界共识。1999年全国老龄工作委员会成立，自此，中国政府不断加强对养老服务领域的顶层设计和政策创制，养老政策密集出台。

梳理2015年以来的政策可以发现，除支持民间资本进入养老服务业、鼓励培养养老专业人才和建立养老行业标准外，近几年，政府的方针越来越重视把健康与退休的统筹协调起来。同时，我国地方政府推出多项养老行业的政策。在一些关键领域，包括行业监管、土地利用、投融资等多个领域的规划，以及人才培养、社会力量介入、政府购买服务、医养结合等领域的基本框架都搭建好了。政府也相继推出了若干相关的政策措施，为我国的老年服务业发展提供了有利的政策条件。《关于全面放开养老服务市场提升养老服务质量的若干意见》明确提出，要促进社会资本的发展，未来五年养老服务市场将会得到更多的政策扶持，进入"黄金阶段"。

当前，在一些地方或机构，如民政部、国家卫生健康委员会等，正在进行有关养老服务的试点，涵盖了养老服务改革、公立养老机构改革、医养结合、智能养老等领域，预计未来将会有大量的扶持措施。

社会养老是由政府、社会组织、企业和志愿者为老年人提供的各种生活所需的服务。中国养老机构在近几年取得了长足的发展，已初步构建了以家庭养老为基础、社区养老为依托、机构养老为支撑的养老服务体系，但仍存在许多问题。

4.2 居家养老模式金融支持的发展现状

4.2.1 居家养老的普适性

居家养老是养老服务体系的重要基础，据统计，在我国超过90%的人倾向选择居家养老。这是生活习惯、传统思维观念和我国当前的机构养老服务供给不足共同影响的结果。通常来说,刚退休的老年人,在进入老年生活的初期,往往还保留着大部分的生活自理能力,甚至还有一些其他的经济收入,因此这一段时间老年人是可以照顾自己的,甚至还可以照顾配偶。所以这一阶段的部分养老需求,老年人通常会自行去满足。当老年人逐渐失去自我照料的能力的时候,养老需求逐渐转为对基本生活的需求,简单的上门照料和医疗看护可以满足其需求,不必支付更高的资金去购买机构养老服务。此外,现在的社区机构养老服务的发展,远远不能满足庞大的老年服务需求,居家养老成为人们普遍性的选择。

4.2.2 居家养老模式构建现状

养老服务体系构建中将居家养老服务确定为基础,不仅源于中国经济社会发展的宏观背景,也取决于中国社会的微观现实。居家养老有四种常见模式,这四种模式有时是并存的,有时又是融合渗透的。

1. 政府主办,层级联动模式

该模式是指各级政府和街居社区运用各级财政扶持资金和各级行政组织的自筹资金,在城区、街道、社区居委会等几个不同层面分级建立起规模有别、服务范围和服务内容有别、服务对象有别的居家养老服务机构和站点,并建立城区、街道、社区居委会三级管理机构,为本辖区内的老年人提供多种养老服务。

2. 政府主导,中介组织运作模式

该模式主要采取两种方式运作:一是采取公办(建)民营的方式,政府主导,加大投入建设居家养老服务设施,建成后交给民间组织使用和管理,用来实施居家养老服务;二是政府加大资助力度,资助民间组织建设并管理运营社区居家养老服务设施和站点。政府在这两种方式中都不直接开启服务功能,而是承担规划、投资、制定项目建设和服务运营法规标准、检查监督和绩效评估等职责。

3. 政府资助,机构主办,连锁经营模式

该模式采用政府出资和社区筹资,委托或资助专业养老机构在社区承办居家养老服务设施和站点,并在建成后管理和运作,为社区老年人提供居家养老服务的一种专业化连锁运营的模式。

4. 政府购买服务，公司承办，市场运营模式

该模式中，政府不再去开办或建设居家养老服务机构和设施，而是采取一般性的市场运作、购买服务的办法，由政府全部出资或部分资助，为那些"三无"对象、"五保"老人、军烈属老人、特困老人和支付能力不足的需要照顾的老人到市场上去购买他们所必需的基本服务，而一些从事服务业的企业或公司则根据市场需求去出资建设社区的居家养老服务设施，雇用和培训为老年人服务的工作人员，为居家老年人提供他们所需要的各种服务。

4.2.3 居家养老的服务供给现状

就家庭护理的提供主体而言，可以大致划分出四种类型。一是地方财政投资兴建的社区老人中心，它是一个完全由国家统一经营的社区。二是由国家提供资金，或是对私人组织进行投资，然后向其提供运营支持。三是政府投资，聘请专门的养老机构来改善社区的服务设施和运营能力。四是由国家出资，为老年人特别是"三无""五保"等有经济负担的老年人提供养老服务。

4.2.4 居家养老的金融支持现状

从财政层面来看，对居家养老的作用最大的是退休金，它包含了社会保障、企业保障、个人保障和家庭保障四大基本内容。

当前，基本养老保险制度得到了充分的保障。《国务院关于建立统一的企业职工基本养老保险制度的决定》发布后，我国完善了企业职工的基本养老保险制度，同时，我国的养老金体系也在逐步走向规范。

养老金替代率是用来衡量劳动者退休后生活保障水平的比率，我国政府高度重视养老金的发放。在2018年3月，人力资源社会保障部和财政部联合下发了《关于2018年调整退休人员基本养老金的通知》，规定了退休人员月人均基本养老金水平按照2017年的5%左右调整。这是我国养老金自2005年以来的"14连涨"，虽然涨幅较以往有所下降，但是仍保持着增长的状态。当前，我国的基本养老保险制度实行的是统账结合制，也就是社会统筹账户和个人账户相结合。采用的是代际间互助方式，通过现在的劳动者缴纳的养老保险金来扩充之前一代人的养老金。这样一来，由于现在劳动的人数在减少，而需要的养老金金额却在不断增加，再加上我国的基本养老保险制度起步晚、资金积累时间短、养老金的管理缺少经验、养老金的缴纳机制不完善，导致了养老金时

常处于尴尬的局面。养老金的缺失,需要依靠个人账户资金来弥补,使得个人账户长期处于亏空状态。个人账户的信用危机导致了缴费危机,出现各种逃费拖欠现象。

根据央行统计,截至2017年8月,中国的存款总额已连续三个月突破43万亿元。此外,近十年来,我国的存款增速不断加快,目前国内存款总量位居全球首位,人均存款余额也达到了3万元以上,存款率高达50%,大大高于全球的平均比率。造成这一状况的原因是我国处于社会转型时期,社会保险制度和金融市场尚不完善,人们对自己的未来有不确定和不安全感,因此就会增加存款额,以应对未知的风险。这些存款里,有孩子的学费,有房贷,有车贷,有生活费,还有退休的花销等。很多专家认为,目前国内的金融体系还不够健全,缺乏足够的理财工具,使得很多人选择了自己熟知的存款方法来进行资产的保值和升值。而国外的一些成功案例表明,养老保险制度是国家的"第三支柱",它在合理分配国家的社会经济、提高国家的养老金水平方面具有重要作用。日本国家年金制度的受益人是全体家人,这是由于个体遇到危险时,第一时间寻求帮助的是家人,而完善的家庭保险制度则是一种自我保护的提升。从另一个角度看,与个体比较,家庭对危险的抵抗能力更高。目前,我国以家庭为主体的养老保险体系还不完善,以家庭为导向的社会保障体系建设需要进一步完善。

4.2.5 居家养老未来发展方向

居家养老实现社区化,以适应广大家庭的需要是必要的。"人性化""智能化"的社区服务将成为主要养老方式,而"互联网+"为老年人的养老服务带来更多的灵活性。完善养老服务设施,提升养老服务的专业化程度,已成为当前迫切需要解决的问题。2017年,财政部、民政部联合下发了《关于中央财政支持开展居家和社区养老服务改革试点工作的通知》,明确指出,政府将大力支持社区社会组织、机构和企业的发展,支持养老院、城乡敬老院等机构直接为老人和社区养老服务,支持养老护理人员队伍建设等,实现老年人养老服务需求全覆盖。

在政策与需求双重推动下,社区居家养老的发展速度将加快,政府将在资金和土地等方面给予更多的扶持。

4.3 社区养老模式金融支持的发展现状

4.3.1 社区养老机构与金融支持现状

当前,我国的社区养老机构按其建设经费的来源和运作方式可分为三类。第一类是由国家出资兴建的日托老人照料机构;第二类是由私人投资经营的社区养老机构,由国家提供资金补助;第三类是在市场上自行建立的、微型的家庭型养老院。

由国家兴建的日托机构是一种很大的社会福利。在"十二五"规划中,我国重点建设了老年公寓,因此,地方各级政府在规划布局、选址规模、设施建设以及经营方面,都有具体的规划。而"十三五"规划将重点放在医疗卫生、法律服务、应急救援等公共服务领域。这种养老设施造价昂贵,往往被视为社会公益事业,可为高龄、失能、空巢老人提供免费服务,如体检、健康指导、老年活动中心等。

私人投资建设的养老社区,由于经费有限,一般都是选择有较多老人居住的小区,在小区里租用一些空置的房屋,建设一个新的老龄小区。还有一些小型的养老社区,他们要服务的是不能自理的老人,除基本的生活、卫生、烹饪等服务外,还专门为失能、半失能老人提供特殊医疗康复服务。由于有国家的支持,再加上建设的投资并不高,因此这些养老院的费用相对于其他大的养老院来说要低一些。

以老年人为中心的家庭型养老院,通常是在地理位置优越、交通条件便利的住宅楼,通过对现有的闲置住宅进行改建,能够快速便捷地建成小型的人性化养老院。

4.3.2 社区养老模式构建与存在的问题

社区养老模式是指老年人居住在家中,依托社区平台提供如社区日间照料等养老服务的一种养老方式。社区养老与居家养老两者的区别在于,社区养老更强调社区平台的作用,带有社会福利性质,体现政府的主导和扶持作用。

2020年底，中国城市社区综合服务设施覆盖率已达到100%，农村社区综合服务设施覆盖率已达65.7%，总数达到51.1万个。社区公共事业服务、便民利民商业服务更加便捷，志愿服务普遍开展，社区能更全面地为老年人提供专业化、社会化、个性化的全方位养老服务。

近几年，随着政策的出台，养老社区在地方涌现。综合来看，与发达国家及地区相比，中国现阶段的养老社区模式仍存在以下问题。

1. 高端养老社区项目过多，投资规模过大，与老年人需求不符

目前，中国的养老社区项目多定位于高端老年群体。根据老年人特点，养老社区需要大量的无障碍活动空间，以及医疗服务、公共服务区域，这相当于是增加了养老地产的开发成本，因此，已有的许多高端养老社区面临低入住率与亏损困境，开发成本回收难度更大。与此相对，需求量大的刚需老年群体的养老服务需求却被投资企业忽视。

2. 养老服务类型定位不清

目前，中国的养老社区服务重豪华轻舒适，没有对老年人的需求进行分类。从目前中国老年人的经济实力来看，能够负担得起养老社区项目的老年人相对较少，老年人本身或是其子女若没有一定的经济实力，很难负担起高端社区住房。

3. 产业链缺少衔接，项目前后期脱节

许多养老社区项目开发过程缺少系统性与连贯性，土地、资金、人员、老年服务等各方面因素配合衔接不足，尤其是医疗资源方面的配套和服务方面配合衔接严重不足。

4. 地产化倾向严重

养老社区项目偏重于地产，很多只是普通的小区加上一些适老龄化设施，甚至有的只是打着养老地产的旗号，以期获得政策优惠。

在许多综合性养老社区的开发销售过程中，存在着不设置年龄资质限制的现象，即不论年龄段，只要购买相应房产，便可入住，形成了开发商借开发养老社区发展养老事业的名义进行开发，并享受政府优惠政策，却以商品房形式进行销售的现象。

4.3.3 社区养老未来发展方向

1. 中小型社区嵌入式养老机构将成主流

在民政部的引导下，满足中低等收入老年人经济水平、嵌入社区的中小型养

老机构将成为主流。很多老人和子女都更加青睐社区的小微型养老机构。这类机构建在社区,方便子女照料,收费较低,同时,由于并未脱离原有的生活环境,老年人接受度和满意度也更高。"十三五"期间,民政部侧重发展中小型社区嵌入式的养老机构,将补贴优惠政策向中小型养老机构倾斜,努力调整养老机构不均衡的问题。

2. 房企险资租售并举将成趋势

目前来看,中国养老社区现有盈利模式主要有五种:销售、销售＋产权回购、租售并举、会员制出租和保费制出租。例如,中国平安为布局养老地产入股碧桂园;中国人保和恒大集团签署合作协议,发力健康养老产业;保利地产携手太平人寿,拟共同成立一家股权投资基金,探索引入保险资金开发养老社区的新模式。

保险产品是适合投资养老地产的资金来源,因此,很多保险公司通过入股地产企业,加速房企和险资的融合。例如,泰康保险公司建立的泰康之家可以算是近年来发展较为迅速的养老社区项目。泰康的养老社区既包含老年住房,也包含养老机构,拥有美食餐饮、医疗护理、文化娱乐以及健身运动等场所,而泰康养老社区的周边有便利的交通以及森林公园、水库温泉等多种休闲场所。预计房企险资合作还将升温,养老地产、健康医疗、地产金融等都将成为合作新热点。同时,随着大规模险资的入驻,房地产市场格局也将发生深刻变化,进一步向养老方向转型。

3. 医养结合型项目是未来金融支持的主要方向

从投资领域来看,养老服务产业链涵盖范围广,随着慢性病老人不断增多,投资者逐渐意识到医养结合才是未来养老趋势。因此,医养结合型社区逐渐成为未来养老服务体系构建中金融支持的主要方向。布局医疗器械、康复器械、远程医疗及护理培训等领域的公司未来成长空间巨大。2016年5月,上海亲和源推出康桥爱养之家项目,这是国内首家会员制养老社区推出医养结合、走读式养老新项目。北京泰康之家内设有二级老年专科医院"泰康燕园康复医院"。因此,为方便老年人的生活,综合性养老社区在未来建设中应设有医院、护理机构、娱乐设施,并应设计更加平坦、开阔的空间环境等符合老年人生活特点的结构。

4.4 机构养老模式金融支持的发展现状

4.4.1 机构养老的服务供给现状

养老院是为老年人设立的一种服务设施,接纳老年人入住,并充分发挥其社会服务的优势,为老年人提供全方位的护理服务。

不同类别的养老服务机构从投资与经营的角度大致可以分为四种。第一种是完全由政府投资、建造、运营,主要面向"三无""五保"对象,具有较强的社会福利性质,在经费与政策上占有优势;第二种是由政府投资兴建,将运营与管理权限委托于社会团体,在运营方面具有更高的效率;第三种是由机构主办,政府资助建设;第四种是完全由机构主办,政府不再参与建设或资助,几乎没有社会公益性质,机构更多地关注利益问题。

从老人群体入住的现实考量出发,养老机构的数量和床位数量,是最能直观体现养老机构的服务能力的指标。2010—2017 年,我国的养老机构数量、床位数量以及每千名老年人养老床位数量逐年增加(见表 4-1、表 4-2)。

表 4-1 2010—2017 年我国社会养老服务机构数量

指标	2010	2011	2012	2013	2014	2015	2016	2017
机构数量/万家	4	4.1	4.4	4.2	9.4	11.6	11.8	12.6

(资料来源:2010—2017 年社会服务发展统计公报。)

表 4-2 2010—2017 年我国养老服务床位数量

指标	2010	2011	2012	2013	2014	2015	2016	2017
床位数量/万张	316.1	369.2	416.5	493.7	577.7	672.5	730.2	744.8
增长率/(%)	7.7	16.8	12.8	18.5	17.0	16.4	8.5	2.0
每千名老年人口养老床位数量/张	17.79	19.96	21.48	24.39	27.2	30.3	31.6	30.9

(资料来源:2010—2017 年社会服务发展统计公报。)

2017 年以后,国内老龄化速度加快,老年人口数量增加,老年人面临着养老床位短缺的问题。然而,不少养老机构把"高档"作为服务目标,忽视了养老群体中"低档"的需求,服务对象以中高档人群为主,入住费用较高,让低收入的老年人望尘莫及。由于养老机构对低收入老年群体购买力的忽视,导致养老服务市场供需失衡,这是制约其发展的原因之一。

4.4.2 机构养老服务的金融支持现状

由于机构养老所具有的"福利"属性,使得银行对其的资助大多是依靠政府的政策。除此之外,保险、信托、基金等对养老机构的影响也是很大的。

当前,国内市场上的养老保险业务,除发展养老金融业务外,还包括了房地产、社区等,其中,重点在养老院的开发、建设、经营等方面。很多大的保险公司都在努力建设高档养老小区,而与一般的养老中心相比,高档养老小区集合了养生、养老、康复等功能,是一家集医疗和保健为一体的现代化高端服务机构。泰康人寿作为国内首家从事老年服务的公司,目前在国内八个大城市都有安居服务,全面建设完成后,将会有超过10000个养老院。继泰康人寿后,国内其他保险公司纷纷进军养老业,根据客户的实际需要和支付水平,将其分为高端、中端、普通三个层次。与其他的社会性组织相比,大量的保险客户资源使得保险企业在建立养老社区方面具有充分的优越性。

机构养老由于其体制结构而无法挣脱房地产的束缚。2009年,全国全面构建了REITs(不动产投资信托基金),彼时REITs与养老服务企业之间的关系并不密切。由于REITs在立法上尚未获得相关的税收减免,无论是在成立与结束时,还是在信托存在的过程中,都存在着税务负担。中信证券于2014年5月推出了中信启航专项资产管理计划,并于深圳交易所上市,成为国内第一支REITs基金,不过其投资人人数不能超过200人,且最低认购限额为500万,这就导致了它的规模较小和流动性很差,业界认可度也不太乐观。另外,REITs作为一种以公开发行为主的基金,其公开程度极高,而目前国内的市场制度尚不健全,在国内,信息的公开并不像外国那样严格、透明。与此同时,不同的市场主体之间的区别也不明确,在养老小区中缺乏专业化的物业管理和专业化的护理人才,这在很大程度上限制了REITs在养老市场中的投资。REITs在投资本地的养老市场时比较谨慎,主要集中在购物中心和办公大楼上。

4.4.3 机构养老未来发展方向

由于公立养老院的活力不足、专业化程度较低,在管理和服务方面备受非议,因此公立养老院的私有化改造在全国范围内全面展开,企业的并购和重组也随之到来。2013 年,民政部门启动了公办养老机构的改革试点工作。北京市于 2015 年初启动了对公立养老院的管理制度的改造。到 2015 年底,北京市 218 所公立养老院中,101 所公立养老院完成私有化改造,改造比率达到 46.3%。

《"十四五"民政事业发展规划》(简称"规划")明确提出,在"十四五"期间,通过"公建民营"等形式向民办养老机构提供服务,并在此基础上对民办养老机构进行市场化运作。"十四五"时期公立养老院私有化改造将会在全国范围内全面展开,公共事业单位的私营改革是今后发展的重心。在私营企业的改制中,政府必然要引进一些有实力、有品牌的服务机构和社会组织进行经营,并以并购方式达到规模化、品牌化、专业化经营的目的。另外,国有养老机构的私有化改造使国有企业的产权与运营分开,可以有效地解决国有企业在管理中存在的资源浪费、效率低下、管理不善等问题,并为这些企业的发展创造条件。

4.5 互联网对金融支持养老服务体系建设的影响

4.5.1 促进养老服务金融产品数据化

由于网络技术的应用,目前我国的养老保险业务具有较大的实效性。就银行而言,由于其自身的特点,必须对其原有的经营模式进行更新改造。比如,设立专用的退休金账户、提供信用卡"一卡通"等服务,让老年人在超市购物、吃饭、挂号看病、网上缴费等情景中能使用非现金付款方式,这不仅可以为老年人的日常起居提供便利,而且还能免去老年人钱包遗失的麻烦。

4.5.2 促进养老服务金融产品专业化

在养老服务业,老年人住房反向抵押贷款和长期照护已成为人们普遍关心的问题。

住房反向抵押贷款在海外非常流行,并得到了较好的发展。目前,由于我国本身的房地产市场尚不健全,致使老年人对住房反向抵押贷款仍持观望态度。

然而，在国内住房反向抵押贷款尚处在初级发展的时期，建立专门的反向抵押贷款养老保障体系有助于解决这一问题。以房养老是解决"有房无钱"人群养老问题的有效措施，以房养老是保障老年人生存品质、缓解住房供需矛盾的有效途径，所以，保险业通过信息化技术，不断地摸索出一套符合国情的住房反向抵押养老保险，对按揭贷款进行量化、价值评估、对老年人生命及房产价值的综合预测，是当前住房反向抵押贷款养老保障工作的一个重要方面。

护理保险在美国已经发展了40多年，其中，最受美国家庭欢迎的险种是长期护理保险。我国的长期护理保险也一直受到各界的关注，2016年6月，人社部办公厅颁布《关于开展长期护理保险制度试点的指导意见》，长期护理保险开始在上海、重庆、成都等15个城市进行试点，为期两年。2018年4月于青岛开始的长期护理保险试点，通过医保基金划拨、医保个人账户代扣、财政补贴等多元化渠道筹集保险资金，实现了资金的统筹配置。对完全失能和重度失智的老年人分别实行"专护、院护、家护、巡护"和"长期照护、短期照护、日间照护"的"4+3"护理服务模式。这样多层次的新型照护模式，依赖互联网信息传输和数据分析。而信息数据库的建设，对于完善老年人信息，提升护理保险专业化程度是有利的。

此外，大数据技术的运用使其数据背后的信息备受关注。如老年人信息数据库的建设，将医疗就诊的信息、智能终端记录的数据以及老年人受过的老年服务记录等，汇总成老年人的信息数据库。通过数据分析，可以从宏观上了解老年群体普遍需要的服务及其占比、对哪些服务的满意程度高、有哪些新的服务方向等。对养老服务企业而言，了解了服务对象的需求，有目的地选择和提供服务，可以提高服务的质量和效率，从而增加企业核心竞争力。对老年群体而言，大数据的应用所带来的结果是自身的偏好和需求被强调，所接受的服务也将更精准，质量更高。总的来说，根据老年人的需求来进行产品设计，更具针对性，专业化程度也相对较高。

4.5.3　促进养老服务金融便利化

养老的便捷主要表现在为老年人提供便捷的理财产品和理财手段。

由于老年群体的特殊性，从产品的开发之初，企业就要从身体健康数据、消费能力及消费趋势等方面进行研究，以更好地满足老年人的实际需求。例如，利用物联网技术、传感器和网络技术，将对象与对象进行交互。这些联系，一方面表现在收集、传递、整理各种对象信息，更突出的是应用于老年人的生活场景，如老年人进出小区的身份识别、居家火灾报警、安防报警等,这使老年人独居也有了一定的安全保障。另一方面则体现在远程控制及管理,例如智能家电的运用。在老年人外出回家之前,远程控制可以提前解决光照和热水等问题,使老年人的日常生活更便捷舒适。并且智能药盒的发明,可以通过监测药盒内的药品重量,来提醒老年人服用药物,通过计算药品是否过期来提醒老年人用药安全。

而智能产品的出现和运用,带来的改变更加显著。智能手环使得老年人的心跳脉搏、心率变化、睡眠情况和运动状态等都有了具体的数据,通过数据的变化来分析其健康状态和衰老程度,更具有说服力。智能手表主要用于通讯,戴在手腕上,可以避免遗失和被盗,其定位功能,也可以帮助解决老年人的迷路问题。

云计算对金融机构与老年人的网络空间进行了合理的规划。网上银行、手机银行、第三方支付平台的建设与发展,使得老人们可以在家就能实现理财。另外,有些投资银行的金融工具还可以对投资人的现实状况进行智能操作,为其制定出个人的投资计划,为投资者提供科学化的金融服务。

4.6 社会养老服务体系的建设实践

《北京市"十二五"时期老龄事业发展规划》提出的"9064"养老模式(居家养老占90%,社区养老占6%,机构养老占4%),形成以居家养老为基础、社区养老为依托、机构养老为丰富的养老结构,和多元化投资、多层次发展、专业化服务的首都特色社会养老服务体系,如图 4-1 所示。

北京市自步入老龄化社会以来,一直在大力发展老年人事业,完善老年人福利制度和保障制度。北京市将继续健全全市老龄工作体制,建立健全各方面协作、统筹发展老龄工作,并在"十四五"期间,按照实施《北京市居家养老服务条例》(2015 年在全市首次颁布)为重点,建立符合北京特点的老年服务系统,持续满足老年人多元化需要,积极推动完善老年服务。

4.6.1 社会养老服务体系构建情况

严峻的养老形势下,北京市养老服务政策不断纵深,向细节处发展,并越来越贴合现实中所遇到的问题。北京市民政局强化与有关部门和社会组织的合

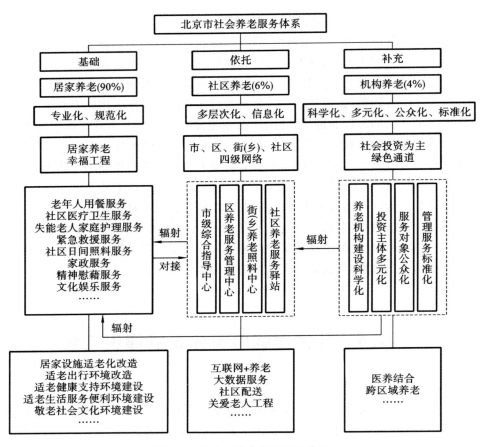

图 4-1　北京市社会养老服务体系

作,成立老龄产业协会、养老服务行业协会,积极发挥社会组织的作用。北京市通过市政府、各有关部门的共同文件,从顶层设计,整合现有资源,推进医养融合,加强服务队伍建设,打造服务品牌,深化公办养老机构改革,推进养老服务机构建设,推行家庭护理人员培训,加强基层老年协会建设,实行社会办全托老人院的病床补助等一批政策,以促进养老事业的发展。

1. 构建专业化、规范化居家养老服务

加强体制的保护。坚持以老年人的需要为指导,使社区的养老机构标准化。《北京市居家养老服务条例》明确了政府、社会、家庭三个主体的内涵与范畴,为其提供了法律依据和政策指导。2016 年,京津冀三地政府正式签订了《京津冀养老工作协同发展合作协议(2016 年—2020 年)》,构建了"一省两市"的新发展模式,为三地的老年人提供了一种新的养老模式。

2. 构建信息化社区养老服务

积极整合政府和社会力量在内的各类资源,建设各级养老照料中心,以辐射居家服务,通过社区养老服务平台,实现居家养老、社区养老和机构养老模式相互支撑、资源共享、融合发展。北京市民政局会同相关部门制定了6个政策文件,规定了对养老照料中心设施建设支持和购置设备高补助450万元。制定了《社区养老服务设施设计标准》以及《关于住宅适老性规划设计的有关意见》,规范了居家养老和社区养老的标准及条件。积极推进"智慧养老",构建养老服务与信息管理平台。

3. 鼓励扶持社会力量参与机构养老

通过资金补贴、税费优惠、建立项目审批"绿色通道"等措施,鼓励扶持社会力量参与机构养老服务。北京市民政局联合北京市市场管理监督局制定出台了养老服务机构地方标准,建立养老服务标准体系和标准化长效机制,提升北京市养老服务行业水平。

4.6.2 社会养老服务体系建设存在的主要问题

北京市的社会保障制度在一系列的政策扶持和指导下已初见成效。但是,面对日益严重的人口老龄化趋势,仍然存在着诸多不适应性。

1. 养老保障制度不完善

尽管北京市已经出台了许多相关的政策,但是许多和养老服务相关的产业尚无法律规定。金融行业、房地产等相关支持行业,其立法支持较为薄弱,有些甚至是一片空白。

2. 资源统筹力度不足,养老设施利用率有待提高

随着政府政策的引导和市场化发展的日渐成熟,社会资本开始纷纷进入养老服务市场。"十二五"期间,北京市养老床位数量增长近一倍,但由于养老机构运营和管理服务能力差别较大,地区发展不均衡等,与市场还没有形成有效的资源对接,养老床位空置率高,资源尚未得到充分利用。同时,社区养老服务设施资源有限,部分社区甚至没有养老服务设施,社区养老运营模式不明晰,养老服务功能未能充分发挥。

3. 养老服务机构规模小,规模效应需要进一步发挥

北京市的养老服务机构以中小规模为主,缺少专业化、连锁化的养老服务品牌,大部分养老机构服务范围有限、服务水平良莠不齐、无法形成规模效应,直接影响了服务质量和可持续发展能力。

4.供需严重不匹配,供给和需求缺乏有效对接

一方面,市场有效需求不足。随着相关政策的强力引导,社会资本开始关注并进入养老服务市场,但是现阶段老年人的需求结构十分复杂。老年群体传统的养老服务消费观念、有限的市场购买能力、不强的消费意愿,加之缺乏有效的宣传和引导,使得老年人的养老服务消费还基本以刚需为主,这种供给与需求的不协调,无疑抑制了老年人的有效需求。另一方面,老年人的实际需求又缺乏有效供给。在居家和社区养老服务方面,服务内容单一、服务水平较低,导致有需求的无供给,有供给的无需求,在养老服务体系上,存在着两头大、中间小的"哑铃形"供应格局,而服务于大部分老年人的中端养老院所占有的比例相对较小。城乡居民的需求不平衡制约着养老服务系统的可持续发展,发展多元化、专业化的社会养老服务供应模式长路漫漫。

4.7 本章小结

近些年,中国在社会保障制度的实践上已经有了长足的进步,并且在强化了制度的顶层设计和制度创新的同时,推出了更加完善的养老制度。北京市根据自身的具体情况,积极回应了中央的号召,提出了"以家庭为基础,以社区为依托,以机构为支撑"的养老服务理念,积极探索建立专业化、规范化居家养老服务、建立信息化养老社区与养老设施、支持社会力量参与养老服务,健全养老服务保障机制,使基础的老年服务的种类更加多样化。但在此过程中,我国的养老产业发展存在着法制不健全、资源统筹不足、产业集约性不强等问题,这对我国的养老事业发展和社会保障制度的发展都有很大的阻碍作用,迫切需要通过规范化、市场化、社会化、产业化的方式来进行完善。

Chapter

第 5 章 "互联网+社区居家"养老模式探索

5.1 "互联网＋社区居家"养老模式概述

5.1.1 "互联网＋"技术概述

"互联网＋"是指在创新2.0(信息时代、知识社会的创新形态)推动下由互联网发展的新业态,也是在知识社会创新2.0推动下,由互联网发展和互联网形态演进、催生的经济社会发展新形态。换句话说,"互联网＋"技术就是如"互联网＋政务""互联网＋现代农业""互联网＋电子商务"等互联网和各个行业的融合。然而,互联网与其他行业的融合是借助互联网的优化和集成社会资源的作用,将二者深度融合,优化和完善各个行业,达到满足使用者个性化需求的作用,并不是简单的两者相加。

"互联网＋"理念最早在2012年由易观国际董事长兼首席执行官于扬提出,2014年,李克强总理提出互联网是大众创业、万众创新的新工具,强调互联网的重要性;2015年,国务院提出要积极推进"互联网＋"行动;2020年,国务院政府工作报告中提出,加强新型基础设施建设,全面推进"互联网＋"。我国"互联网＋"技术虽起步较晚,但因互联网的发展有着得天独厚的数据体量优势,"互联网＋"技术现在已广泛运用于教育、医疗和生产等各个方面。例如,以前进城务工人员可能需要几个小时甚至长达几天的排队才能买到票,而互联网技术的革新大大减少了火车站的排队现象,务工人员的巨大需求加速了全国交通系统的快速升级和创新;网课的出现提供了更多优质的教学资源,线上线下结合的模式,使得贫困地区的儿童也可以接触到诸如音乐、艺术这样的新课程;政府政务系统的开放和共享增加了政务的透明度,使更多主体参与其中,便于深入群众。2021年,我国互联网企业业务收入情况如表5-1所示。

表5-1 2021年我国互联网企业业务收入情况

	业务名称	营业收入/亿元	同比增长/(%)
分地区	东部	13134	20.8
	西部	960.6	37.8

续表

	业务名称	营业收入/亿元	同比增长/(%)
分地区	中部	567.6	3.0
	东北	51.4	−0.5
分业务	信息服务	8254	17.0
	互联网平台服务	5767	32.8
	互联网接入服务	444.4	1.7
	互联网数据服务（包括云服务、大数据服务等）	258.3	23.1%

（数据来源：中华人民共和国工业和信息化部。）

由表 5-1 分析可知，从经济地区特征上看，我国东部地区和西部地区互联网业务收入增长较快，中部地区和东北地区的互联网业务表现较为低迷。多个省份互联网业务均保持平稳增长、收入良好的态势，如互联网业务整体累计服务收入排行榜前 5 名的分别是北京（增长 29.6%）、广东（增长 9.3%）、上海（增长 31.1%）、浙江（增长 13.0%）和江苏（增长约 5.1%）。从业务发展运行层次上看，信息类服务整体收入都呈现出健康的良性增长格局；互联网平台服务收入整体增长态势最快，网络销售、生活缴费服务等互联网平台领域经营表现活跃并发展向好；互联网接入服务的收入仍保持稳定增长，互联网数据服务也持续稳健地发展。从总体形势上看，互联网业务收入依然保持稳健增长运行的态势。

5.1.2　发展"互联网＋社区居家"养老模式的基础

我国的养老模式主要有居家养老、养老服务机构（如社会福利院、敬老院、老年公寓、社会民办养老机构等）养老、社区养老和以房养老等模式。其中，2020年我国提供住宿的养老机构情况如表 5-2 所示。表 5-3 所示为居家、社区和机构养老区别。需要说明的是，以房养老是中老年人易于接受的，但是近年由于房价的大幅上涨，以房养老在我国适用人群较少，因此本章节不讨论以房养老这一模式，现阶段大多数中老年人更愿意选择居家养老。

表 5-2　2020 年我国提供住宿的养老服务机构情况

指标	机构/个	床位/万张
社会福利院	1524	37.7
特困人员救助供养机构	17153	174.8

续表

指标	机构/个	床位/万张
其他各类养老机构	19481	275.7
合计	38158	488.2

（注：此表数据为注册登记的养老机构。）

表 5-3　居家、社区和机构养老区别

养老模式	服务提供者	服务对象	主要服务
居家养老	家庭成员、雇佣人员；养老服务机构或其他社会主体	居家老年人	照料、康复护理；上门服务活动，如助餐、助行等，不包括社区上门服务
社区养老	养老服务机构；社区嵌入式的养老服务设施和带护理型床位的社区日间照料中心等	社区老年人	日托、全托、月托；上门；照护（助餐助行、助浴助洁、助医；紧急救援、精神慰藉等）
机构养老	各级政府、企业和社会力量兴办的养老院、老年福利院、老年公寓、老年养护院、敬老院、光荣院、农村幸福院、养老大院、农村特困人员供养服务机构等养老机构；内设诊所、卫生所（室）、医务室、护理站的养老机构；失智老年人照护机构	在机构养老的老年人	养护和专业化护理；医养结合；无偿或低收费托养服务（针对经济困难失能失智老年人、计划生育特殊家庭老年人）；失智老年人照护机构提供的服务，不包括机构为居家老年人提供的上门服务

截至 2020 年，我国已有城乡各类居家养老服务机构和附属设施 32.9 万个，养老床位数量合计约 821.0 万张，相比 2019 年均有大幅度增长（见图 5-1）。其中，全国年末共有已注册或者登记营业的家庭养老照料机构总数相比 2019 年增长达 11.0%，床位规模相比 2019 年增长 11.3% 左右。社区老年人服务机构相对集中在社区养老中心，社区的养老服务要兼顾老年人家庭需求和老年人社会化的养老服务需求，以社区居家为基础、社区服务站为服务依托、机构服务站为主要补充，同时可结合其他医养综合服务，为各类居家的老年人群体提供诸如生活护理照料、家政服务、康复保健护理治疗和生活精神需求慰藉照料等全方面高质量的服务，让老年人居家无忧，安享晚年，在享受政策福利的同时，获得最舒适的社区居家养老服务体验。因此，要通过整合专业的社会资源，补充和更新传统家庭养老模式，缓解人口老龄化背景下的养老问题。

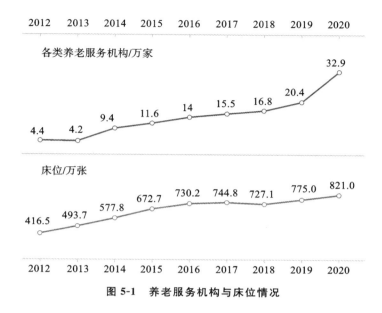

图 5-1 养老服务机构与床位情况

5.2 "互联网+社区居家"养老服务的意义

5.2.1 传统居家养老的困境

1. 不愿麻烦子女

老龄化程度高的背后,年轻人繁忙的日常工作和老年人生活上的一些不便,正在成为很多家庭成员之间的现实矛盾。居家养老符合中国国情,但由于根深蒂固的传统观念,老年人不愿意与子女或晚辈谈论生活中的困难,或羞于敞开心扉,不愿成为子女或晚辈的负担。比如清洗家用电器、窗户玻璃等,对年轻人来说看起来很普通的家务,对老年人来说却并不容易。无论从身体上还是心理上,不愿意麻烦子女或晚辈的观念对老年人都是非常不利的。

2. 没有专业化的照料

居家养老一般是由老伴或者子女照料,没有经过专业化的培训,护理技术和专业经验都不足,不能进行专业的护理。没有专业化的医疗知识,一旦护理对象出现紧急情况时容易措手不及,耽误最佳时机,造成重大损失。膳食的不合理,如营养搭配不均或过度营养也会置老年人于危境之中。护理老年人需要相当大的精力和时间,有时甚至出现护理人员先倒下的情况,因此有的时候会严重拖累子女或晚辈,造成家庭不和睦,出现许多家庭问题。

5.2.2 "互联网＋社区居家"养老的优势

1. 服务容量大,能力强

智慧居家养老利用云计算、大数据和人工智能技术,使得其能包容更多的养老服务,利用触感设备、定位终端、可视呼叫、电子地图等将养老服务送到老年人家门口,为老年人的生活提供更多的便利。

得益于养老服务信息平台,居家老人可通过平台提前预约医生,家庭医生团队也可通过线上平台调取老年人健康档案。"互联网＋助餐"系统支持人脸识别智慧支付、网上订餐功能,为高龄老人、失能老人等提供送餐服务,平台线下会根据老年人用餐习惯和需求推出荤素搭配、热冷搭配等多种菜品,做到既科学搭配膳食,又满足老年人的个性化需求。智慧居家养老管理服务平台包括配餐、医疗、家政服务等多种模块,做到"低端有保障、中端有市场、高端有选择"的多层次、多种类的居家养老服务个性化,在提供清洁卫生、购物、器械维修、餐饮等"送上门"服务的同时,还提供休闲娱乐、康复护理和精神慰藉的"走出去"服务,关注老年人的身体和精神。互联网技术缓解了床位不足的问题,促进了养老服务模式创新升级。

2. 有助于提升养老品质

新时代的老年人对美好生活充满期待,对养老品质也更高,传统单一的"必须型"养老服务向着丰富多彩的"参与型""发展型""享乐型"转变。且养老服务虽收费,但政府在其中起着主导作用,采取财政补贴加商业收费的模式,可以帮助老年人减轻养老经济负担。

线上线下医养结合的养老模式有助于优化配置养老资源(见图 5-2)。充分利用"互联网＋"技术,优化配置与合理利用社会养老资源,促进多元主体的服务分配。发挥互联网集成和优化作用,促进社会各方面资源进入社区,妥善解决社区养老发展中面临的服务资源难整合、服务供需不匹配、服务效率低等问题。提供快捷、高效、低成本的物联化、互联化和智能化养老服务。"智慧养老"利用物联网技术,使老年人的日常生活处于远程监控状态,如老年人在家中摔倒,地面的安全传感器将立即通知医护人员和亲属。而视频终端,如红外线摄像头,全天

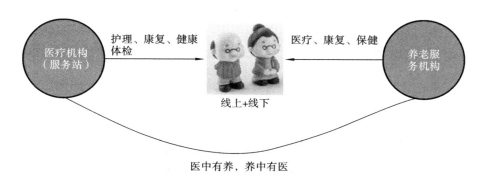

图 5-2　医养结合示意图

清晰探测,捕捉老年人的实时动态,从而及时应对病症突发等情况。智能护理床能够记录和传输老年人的呼吸、心率等生命体系数据等,安装了远程智能看护设备,遇到紧急情况可向服务平台中心发出警报,打开 App 随时能看到老年人各项健康数据,让在外工作的儿女更安心。

5.3　互联网技术下居家养老模式的现状及实施中存在的问题

5.3.1　我国智慧居家养老服务现状

智慧养老是指将信息技术等现代科技应用于养老服务,利用技术手段化解老年人面临的多元化养老风险。"互联网+养老"是一种智慧养老模式,下面具体阐释这种智慧养老模式的现状。

1. 社区居家养老具体构建和运作模式

受许多因素的影响,部分老年人出门不便,心理压力较大,但他们有时对养老商品和服务的需求较大。老年人一般对平台操作不熟练,甚至有一些老年人主要依靠社区服务者的上门服务,所以社工变得尤为重要,他们可以为老年人提供外界新闻和帮助。因此,社工在智慧居家养老中不可缺少(见图 5-3)。

居家养老在服务上更强化了对老年人的健康的关注和防范,特别是医疗方面,加大了线下助餐、就医、精神慰藉和个人健康管理等养老服务供给,加速了养老与健康产业的融合。老年人在家的多数服务由线下转为线上,即由社工代为

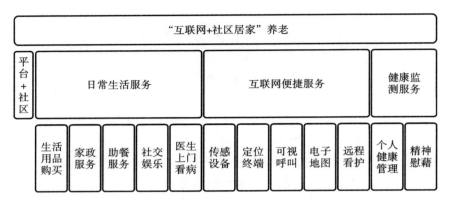

图 5-3 "互联网＋社区居家"养老服务图示

购买或提供服务。

2. 我国"互联网＋社区居家"养老发展情况

随着我国人口老龄化程度的加深,2016 年以来,民政部、财政部先后在全国遴选了五批共计 203 个地区开展居家和社区养老服务改革试点。2020 年,国家卫健委和全国老龄办发布《关于开展示范性全国老年友好型社区创建工作的通知》,2021 年正式开展示范性全国老年友好型社区创建工作并加大养老补贴金额,公布居家和社区养老服务改革试点工作优秀案例试点名单,总结工作经验。社区养老服务机构运营补贴情况如表 5-4 所示。

表 5-4 社区养老服务机构运营补贴情况

运营补贴/年	建筑面积/m²	嵌入式护理床位	老年餐厅		功能设施	
			使用面积/m²	每日提供用餐服务/人次	服务功能	运行时间
15 万元	≥1200	≥20 张且入住率达 80％以上	≥50	≥200	完善	满 1 年
10 万元	800—1200（不含）	≥10 张且入住率达 80％以上	≥30	≥100	完善	满 1 年
5 万元	<800	≥10 张且入住率达 80％以上	≥30	≥100	相对单一	满 1 年

2019年,国务院提出实施"互联网＋养老"的行动,要在全国建设一批"智慧养老院"。2022年,又提出推动"互联网＋养老服务"发展。2022年,持续推进医养结合,安排中央预算投资支持建设连锁化、标准化的社区居家养老服务网络。资金运营方面,一种是政府招标,企业投资,社区为辅的运营模式,以上海市为代表,通过公共项目引入社会资本,建立市场机制满足养老服务的客观需求;另一种是政府投资、专业的法人机构运营模式,以北京市为代表,这种运营模式受地区发展程度的限制,适用政府效率较高且专业团队人才队伍较为完整的地区。

当前,全国各地在居家养老服务领域的探索主要集中于模式、服务和设施方面。

1. 探索新模式

上海现阶段大力推进社区嵌入式养老模式,构筑老百姓家门口的"15分钟养老服务圈",其率先提出的"9073"的养老格局成为我国现阶段的主要养老服务模式;武汉突破"虚拟网络与实体服务、家庭养老与机构上门服务"之间的时空界限,着力打造"虚实互通、家院互融"的"互联网＋居家养老"新模式;兰州初步探索"6+N"模式,充分利用资源建立了一个"没有围墙的养老院",在2009年引进建设了虚拟养老院(见图5-4)基础上,依托"居家乐221养老服务系统",通过进一步发挥第三方服务,将传统的养老院向社区和家庭延伸,实现居家养老和社区养老相结合。

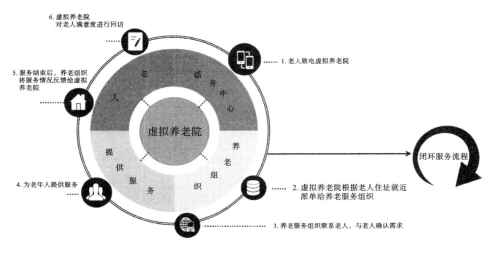

图 5-4　虚拟养老院图示

2. 探索新服务

探索新服务,一方面,关注服务人才的培养,如深圳在 2018 年成立了全国首家由地方民政部门与地方高校合作创建、以养老服务人才培养为核心业务的独立法人新型事业单位——深圳健康养老学院,依托学院加强养老服务人才培养,加大国际合作交流。另一方面,优化服务的质量,如重庆市九龙坡区针对高龄、失能、半失能的老人,启动"重庆市慈善总会助浴快车"项目,"助浴快车"送"浴"上门,解决老人的洗澡难题,老人通过血压测量、身体状况检查后,助浴师提供洗头、洗澡、剪指甲等服务。

3. 探索新设施

探索新设施,主要体现在增设养老服务中心等,以湖北省襄阳市为例,通过提高养老服务中心的建设标准,增加其覆盖率(截至 2020 年,覆盖率达到 95%),构建多层次、多功能的社区养老服务格局,实现服务设施的升级和完善(见表5-5、表5-6)。湖南省湘潭市、安徽省合肥市等地,利用和盘活闲置资源,建设嵌入式养老服务机构,探索"机构居家化""居家机构化"的服务模式。

表 5-5　2020 年湖北省襄阳市社区养老服务设施统计表　　　(单位:个)

地区	社区居家养老服务中心数量	示范性社区居家养老服务中心数量	街道综合性社区养老服务设施数量
市本级	51	6	1
其他	429	29	4
合计	480	35	5

表 5-6　2016—2020 年湖北省襄阳市卫生机构人数　　　(单位:人)

年份	卫生机构人员	卫生技术人员	医生	护士	每千人口医生数
2016	43292	37994	13234	14694	2.35
2017	44816	39591	13934	15629	2.46
2018	44849	35804	14048	15887	2.47
2019	44084	35820	14607	16119	2.57
2020	45894	36736	14261	16432	2.51

5.3.2 "互联网＋社区居家"养老模式实施中存在的问题及原因分析

1. 智能化程度偏低

(1) 公益和服务网络不健全。居家养老系统功能多,不仅运用了物联网、互联网等先进技术,还通过互联网同步连接多部门,从而整合各部门资源。但其缺点是其功能过于复杂,老年人操作难度大。

(2) 缺乏创新。首先,由于我国老年人口比例越来越大,目前的养老机构根本满足不了如此大基数的需求,更遑论每个人的个性化需求的种类更是繁多。其次,养老机构服务专业化程度不高。截至 2020 年,全国已建立 29.1 万家社区居家养老机构,但是养老服务效果却不是很理想,究其原因是没有把社区居家养老模式商业化,要么靠敬老尊老的情怀传统,要么过于依赖政府补贴。纵观现代社会的各项服务,有契合人性需求的成熟的盈利模式才能实现蓬勃发展。现阶段培养居民的养老付费习惯和意识,以及创新养老服务内容可能更为紧迫。

2. 养老服务产业意识不强

(1) 缺少标准化。现如今的养老服务的从业人群大部分由原本的家政服务转型或受政府的委托做兜底性养老,由此服务体系中存在一个核心的问题,即这些养老服务人员并不是一开始从事养老工作的,短期内很难形成产业标准化。养老服务专业人才缺乏,如年轻护理人员数量远远不够,服务标准化水平不高,且养老服务本身错综复杂,多层次的需求很难做到标准化,所以造成社区居家养老的第三方服务公司十分辛苦,养老产业意识降低。

(2) 服务忽视基础需求。现代老人的养老需求可以从马斯洛的需求层次理论入手。马斯洛认为,人的需求分为五个层面,分别是生理需求、安全需求、社交需求、尊重需求和自我实现需求(见图 5-5)。如果老年人生理需求和安全需求不能得到保障,金字塔便会轰然倒塌。因此,养老先要满足生理需求和安全需求,从而为高层次的需求奠定坚实的基础。养老管理机构开展的各种服务工作可以从这五个主要方面出发,与服务对象本身的需求结合起来,有目标、合理地开展经营管理业务和提供相关服务,满足老年人自身不同层次的养老服务需求。真正好的社区养老照料服务就恰恰地体现在当老年人不能自理的时候,能不能提供优质的低层次需求服务。所以,机构应更加注重老年人的生理需求和安全需求,不可以舍本逐末。

(3) 缺乏夜间照料服务。养老机构提供的服务往往很大比例在白天,而 24 小时需要人陪护和在院需要照料的老人往往被排除在服务系统之外,使得养老

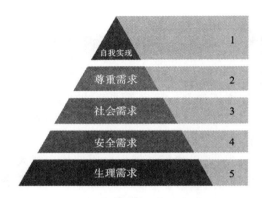

图 5-5　马斯洛需求层次图

机构的服务局限于未生病且子女不能定期地陪伴在身边的老人。需要夜间照护服务的老人主要有两类：一是失能、失智、孤寡、独居老人；二是高龄、子女住得远或子女照料上有困难的老人。现有的市场化的运作，使得养老机构的服务偏于商业化，难以关怀这些处于困难中的老人。

3. 网络安全存在隐患

老龄化是中国的发展趋势，也是今后较长时间内中国基本国情，我国老龄化速度之快、规模之大史无前例，当前互联网发展迅速，然而老年人却被落在时代的后面，大多数老年人在互联网中社交困难，他们的生活需求、情感需求在互联网时代得不到满足，甚至接连不断遭遇陌生诈骗。相对于时刻冲浪的年轻人，大部分的老年人社会洞察力和对科技的理解力明显偏弱，互联网背景下的交互式养老模式使得老年人依赖互联网，导致安全隐患凸显。"互联网＋社区居家"养老的 O2O 模式则使得网络中的危险更加防不胜防。

4. 多元主体缺乏协同

互联网、多方平台的联动已经改变了养老服务行业的商业化模式，社区居家养老服务应强调政府、企业、社会组织、社区和家庭等多方参与和合作发展。

当前，养老服务行业各主体权责模糊，功能定位不清。从投资的主体看，政府仍是我国养老服务建设的主要投资主体，政府本应承担起监督和规则建构职能，却在实践过程中往往处于缺位或错位状态；企业积极性未充分调动，养老服务的提供者往往由于养老事业的公益性，参与程度不够，导致养老服务不优质；而服务的需求方及老年人和家属则因为养老服务的功能有限，需求不能有效满足而处于游离状态。

5.4 对"互联网+社区居家"养老服务未来发展的对策建议

5.4.1 加强居家养老智能化建设

1. 优化系统功能

一是通过"四大"即大字体、大音量、大按钮、大图标,解决老年群体看不清、听不见、找不到、学不会等问题。二是通过"四简"即简化界面、简化结构、简化功能、简化操作,适应老年群体上网的特殊需求和习惯。

2021年以来,一些政府官方网站、老年人常用的新闻类及社交类应用等,均通过放大字体、调大语音播报音量等方式,更有效地向老年群体传达信息,解决老年群体上网最显著的难题,让老年群体更加轻松、便利地使用互联网应用。部分互联网企业的购物类应用、出行类应用等,专为老年人简化搜索、选择、支付等页面设计和操作流程,实现主要功能的"一键开启""一键接入",帮助老年群体快速、安全地完成网络消费活动。截至2021年12月,有调查数据显示,13.2%的老年网民使用过手机应用上的老年人模式,成为老年群体畅享网络世界的"先行体验者";33.9%的老年网民听说过老年人模式,是进一步推进适老化探索的"潜在体验者"。

2. 提高创新意识

平台运营商应加强平台的智能化运营建设,提供老年人及家属个性化服务,推进信息无障碍。加强居家养老服务创新,依托互联网,在流程上实现简易操作,在功能上推出人工"一对一"热线等暖心服务,实现多方合作参与养老服务体系。

5.4.2 提高养老机构服务意识

1. 建设居家养老服务团队

实行员工制管理,避免临时工进行养老服务。员工分组管理,协同配合。因为现有的服务还主要在白天提供,服务人员需要有固定的住所,建议招用就近居住的退休职工,不仅上班方便,而且这类人员接受过组织培养和管理,具备基本的服从意识,能够使经营者和用户放心,可以更好地服务客户。

培训服务人员。不仅要求服务人员具有相应的岗位知识和技能,还要具有对老人的孝心、爱心和协调能力,懂得保护老人隐私。专业技术岗位的人员要定期参加培训,让服务水平更加标准化、流程化和体系化。

2. 创新基础需求保障,加强高等需求服务

保障老人刚需,养老服务首先不在于是否满足老人的享受性需求,而在于能否覆盖老年人群体的基础需求,在基础需求即安全健康得以满足的情况下再考虑老年人群体更高的需求。更高的需求即情感需求等,要求服务具有合理的沟通能力和理解,站在老人的位置思考和理解问题,并给予适当的宽慰。在空巢老人逐渐增多的当下,老人需要的精神层面的慰藉往往比物质层面更加迫切,为空巢老人"填空"还需要服务人员的耐心配合。养老服务机构应注重在文化娱乐、感情交流、心理疏导等方面为老年人群体提供专业服务,让老人"老有所乐"。

3. 提供夜间服务

由于夜间服务费时费力,但是对于老人这一特殊群体,尤其是失能、失智、孤寡、独居的老人和高龄的、子女住得远、子女照料上有困难的老人,应该有针对性地提供夜间甚至 24 小时的服务,这样的服务才更加人性化、更加有针对性。老人夜间不仅极易发生疾病和意外,还存在着因夜间易失眠、胡思乱想等造成的精神障碍问题,养老服务机构可以推行家庭养老夜间照护床位,以补齐夜间服务缺失,实现全天候居家养老服务。

5.4.3 杜绝网络安全隐患

1. 政府

开展打击养老金欺诈专项活动,强化政府对平台责任的监管和评价,切实履行监管责任。建构和完善监督约束与激励机制,统一健全监督管理、服务质量评估,可组织第三方团队对平台进行评估,保证评估的真实、可靠和公平。

2. 平台

建设"互联网+居家养老服务平台",实现老年人服务应用、服务分配与实施、服务质量反馈,提供完善的运营管理机制和监管流程,规范信息管理,使服务分配科学、统一、高效。开放居家养老对外应用门户,提供面向适用于不同角色的居家养老客户端,实现服务多渠道,服务信息及时提醒,使老人舒心、家属放心。统一互联网入口、业务处理、数据处理、网络管理,合理设计业务流程及数据查询流程。

5.4.4　多元主体充分发挥协同作用

1. 充分发挥政府主导作用

支持社区和居家养老基本生活环境建设。社区的基础生活环境,如医疗、保健、公共基础建设等要经济实惠、安全便捷。完善社区和居家养老设施布局规划,建设完善的社区周边配套,如图书馆、公园、药店、茶馆等生活场所,满足老人在文化和物质上的需求。引导社会力量参与,引入社会资本,从而提升社区居家养老服务质量。规范社区养老服务机构运营管理,加快推进"互联网＋社区居家"养老模式,推广应用社区养老标准,加强质量评估监督。

完善社区养老服务扶持政策,加大政府资金投入。探索建立陪护假、护理假制度,在特定节日,如重阳节、老人生日或老人患病期间,适当缩短其子女上班时限,便于他们陪伴老人;鼓励和推广志愿服务。

由于人口抚养比差异等原因,省际之间养老金不平衡问题越来越突出,如广东等省份养老金有结余,而黑龙江等省份出现了收不抵支的情况。资金投入不足不利于养老服务系统在社会的普及,我国目前的养老金模式主要有银行发放、邮局寄发和社会保险经办机构直接发放,其中银行发放为我国主要的养老金发放模式。由于"互联网＋"养老模式的发展,养老金的发放有必要通过网银发放到老人或亲属的账户。

2. 构建多元参与的智慧协作平台

多方参与的养老服务有必要通过智慧协作平台进行资源的共享,有利于明确和透明养老权责,建立多层次的养老服务体系。通过政府政策、税收等措施,吸引互联网公司和大数据企业建设社区养老服务平台,将养老服务需求端与社区服务提供者,即家庭、社区卫生服务中心、医院、企业、社区服务机构、志愿者等服务主体,搭建数据库共享平台(见图5-6),以方便各主体彼此协作、彼此配合、彼此监督。

3. 网格化管理

"互联网＋社区居家"养老的背后是一个系统化的过程,建立社区站点,根据家庭的不同,进行老年人全托或半托服务。不同的老年社区群体,由于不同的经济水平、文化差异等呈现出不同的养老需求,所以需要进行个性化管理,也可以围绕居民需求,借鉴基层工作"上面千条线,下面一根针"的做法,构建养老服务网格化管理,将不同的老年群体归为一个网格,再整合互联网资源,实现线上线下的协调管理。

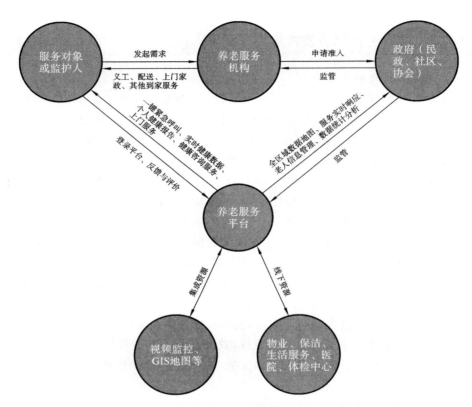

图 5-6 "互联网+"居家养老服务综合信息平台

5.5 本章小结

"互联网+"信息化时代正为现代养老行业增添一种新模式的生命活力,智慧化养老也成为中国新时代老龄科技事业改革与相关产业改革发展研究的热点议题之一,科学应对新型人口社会老龄化,事关国家经济发展改革全局,事关我国亿万百姓福祉。"互联网+"智慧养老将促进养老服务模式创新升级,可以有效地、积极地应对老龄化危机,提升深度老龄社会的配适程度。现如今,社区居家养老成为主流养老模式,虽然"互联网+社区居家"养老模式还存在智能化程度偏低、养老机构服务意识不强、网络安全存在隐患和多元主体协同作用较差等问题,但可以通过加强居家养老智能化建设、提高养老机构服务意识、杜绝网络安全隐患、充分发挥多元主体协同作用等措施,对其进行有效的、合理的规避和治理,以更好地服务老人,增强老人的安全感和幸福感,让老人"老有所乐"。

Chapter 6

第 6 章　国外金融市场支持养老服务业的经验

现在全球老龄化严重的国家主要是美国、英国、日本等,所以,在这几个国家中,社会保障制度发展得比较快,也有很多的成功实践经验。

目前,中国的养老服务行业还处在一个探索和发展的阶段,尽管各国文化背景、基本国情、经济发展现状存在差异,其发展和筹资情况也不尽相同,但是通过对国外的案例和经验的分析,对比中国目前的养老保障制度的发展现状,可以为中国的养老保险制度的财政支持探索出一条新的技术途径。因此,本书选择了美国、英国、日本等较为发达的国家作为参考,并从中总结出一些经验和教训,以期为中国的养老服务行业建立财政支撑制度提供参考。

6.1 美国社会养老服务体系与金融支持

6.1.1 美国社会养老服务体系

1. 美国养老保险制度

美国的养老保险体系主要由三大支柱构成,第一个支柱是以政府为主体的基础养老金,它是一种强制性的,主要针对的是有工作的人群,通过社会资源的重新配置,为其在生活和服务方面提供保障。第二个支柱是由个体和公司共同出资的养老金体系,它通过强制存款的方式,可以减轻政府的财务负担,提高个体的抗风险水平。第三个支柱是以个体为主体,以大众为导向,以个人的存款进行经营,是一种纯粹由个体自愿的方式进行的经营,在这种模式下,每个人都可以自行决定资金的大小和使用方法,具有很大的弹性。

2. 美国 401K 计划与 IRA 计划

美国 401K 计划源于 1978 年《国内税收法》新增的第 401 条 K 项条款,规定政府机构、企业及非营利组织等不同类型雇主,为雇员建立积累制养老金账户可以享受税收优惠。根据这一条款,越来越多美国企业选择了雇主和雇员共同出资、合建退休福利的方式。参与 401K 计划的退休人员及其受益人可得到"延迟纳税"的税收优惠,即雇员在 401K 账户的缴费和投资收益均免税,直到退休后从账户领取养老金时才对账户总额上缴个人所得税。由于退休人员的收入较退休前普遍下降,纳税基数随之减小,再加上投资收益免税,其实际缴纳的个人所得税将大幅下降。

个人退休金计划(IRA 计划)即个人储蓄保险,是一种联邦政府提供税收优惠、个人自愿参与的个人补充养老金计划。IRA 账户由户主自行管理,开户银行和基金公司等金融机构提供不同组合的 IRA 基金投资建议,户主根据自己的具体情况和投资偏好进行投资管理,风险自负,但这些本金和收益被严格限定并储蓄在 IRA 账户内,不得转移至别的账户,以强制这部分资金在退休后才能使用。IRA 账户具有良好的转移机制,户主在转换工作或退休时,可将 401K 计划的资金转存到 IRA 账户,避免不必要的损失。户主退休后从账户领取的养老金取决于缴费多少和投资收益状况。与普通投资账户相比,IRA 账户具有多种税收优惠。一是延迟纳税,在年度免税额度内不缴纳个人所得税,退休后支取时再纳税。二是免征账户内的存款利息、股息和投资收益所得税。

3. 美国以房养老的发展模式

以房养老最早在荷兰出现,后来于美国发展壮大。美国拥有房屋的老年者,以房屋作为抵押获得贷款资金,来提升自己的老年生活质量。美国从老年人大多数有房屋的实际出发,创建出通过金融方式实施的住房反向抵押、售房养老、房产养老寿险,以及可以自行操作的遗赠扶养、房产租换和房产置换等。其中,最为突出的就是住房反向抵押。针对不同老年群体的不同需求,就住房反向抵押贷款这一产品设计出三种不同类型:房产价值转换抵押贷款(HECM)、住房持有者贷款(the Home-keeper Program)、财务自由(Financial-Freedom)贷款。美国的住房反向抵押贷款是指在老年人退休后且拥有房屋所有权的情况下,将房屋抵押给金融机构,让其按规定时间或者一次性全部给予养老金,但是老年人会继续保持房屋的使用权,直到离世的时候,才会转移房屋所有权给金融机构,让其处置。这种"倒按揭"的以房养老方式,实际上也就是用房屋来换取资金,只是设计更加人性化,充分考虑了老年人养老金和居住问题的矛盾。另一方面,在老年人退休离职之后,失去了原有工资来源,但是还维系着原来的生活水平,这种时候,一般来说,老年人只能依靠过去的储蓄来补充自身养老的资金消耗。而住房反向抵押贷款,可以充分利用房屋的巨大价值,通过变现房屋的价值,给自己带来养老金的补充,这也是资源合理配置的一种手段。

HECM 在实行过程中,政府的作用是巨大的,其中不得不提住房与城市发展部(HUD)和联邦住房管理局(FHA)。年满 62 岁的借款人想要通过 HECM 进行借款,需要先向 FHA 进行资格的认可申请,其后通过第三方评估机构对抵押的房产进行全面的评估,当贷款方认可了房屋的价值,会向 FHA 部门申请抵押贷款的保险,之后才会与借款人进行资金的借贷,对于保险项目的设计和改进,全都交给 HUD 去做。对于借款人,HECM 面向的是通过 FHA 认可的银行、抵押贷款公司和一些私营金融机构,这些机构将发放的贷款出售,通过入市证券化等市场操作来分散风险。

4. 美国 REITs 的发展模式

REITs(Real Estate Investment Trusts,房地产投资信托基金)对房地产信托化而言,意义重大。美国的 REITs 是将流动性较低的、非证券形态的房地产投资,直接转化为资本市场上的证券资产的金融交易过程,具体操作是通过募集资金,然后交给专门的资产管理公司进行投资,再将投资收益进行分配。但是 REITs 在美国的发展也并非一帆风顺,自 1960 年第一个 REITs 出现,发展至今已经有 60 余年,这其中涉及了大量的法律的修改。

相比传统的房地产投资,REITs 不再仅仅依靠银行的资金借贷,其可以通过公募和私募的方式,通过大量小型资金的"集结",为中小型投资者提供了利益丰厚的投资机会,也为自身资金的筹措拓宽了渠道。同时,专业化的投资机构进行投资经营管理,分散了房地产投资的风险。REITs 具有良好的变现性,也为投资人进行股权转让提供了便利。在经营的过程中,因为经营权被转移出去了,由专业化的团队和专业性的人才进行运营管理,使得 REITs 相比传统房地产投资更具有稳定性。对于养老型房地产来说,维持房屋的保值增值,是老年人和房地产投资公司都追求的目标,而 REITs 的稳定运营恰好满足了这一点。REITs 的收益是每年的租金和按揭的利息,但是有法律规定,只要 REITs 将 90% 的收益当作分红,定期分给投资者,就可以享受一定的税收优惠,所以 REITs 拥有高比例的分红,对零散的投资者具有非常大的吸引力。上市的 REITs 受市场的影响,不动产和股市的周期性波动都会影响基金的收益,但是养老社区的投资,由于投资主体的分散,且上市流通,所以风险分散程度较高。

6.1.2 美国社会养老服务体系发展中的金融支持

政府养老保障措施中,主要是社会保障计划(Social Security)。该计划是普及全民的强制性养老计划。它将保障计划和个人的社会保障直接相关联。此外，还有一些其他特定的养老计划，如雇员的退休计划、针对低收入人群老年的生活补助金等。

综合而言，从当前的做法来看，美国民众退休后养老的资金主要来自三个方面，即个人储蓄和投资收益、退休金以及社会保险收入。养老服务体系的构建需要相应的金融支持，美国金融制度健全，金融市场发达，在养老服务体系金融支持方面有较先进的经验值得我们学习和借鉴。

1. 年金保险发展情况

美国国会在1935年通过《社会保障法》之后开始建立社会保障体系，为健全财政负担，美国还大力发展个人商业保险。美国政府实行了缴费税收延迟支付、企业缴费的税前扣除等税收优惠政策，这对个人购买商业保险、施行个人养老金计划有积极的促进作用。

1）年金保险

年金是一种支付合约，这种合约可保障年金所有者在一定时期内或者终身获得固定收入。人寿保险公司持有的大部分养老金或者退休金计划都是年金合约形式，它能够为年金所有者退休后提供稳定的收入。

保险公司出售的年金产品一般有两种：即期年金和延期年金。延期年金是指年金所有者定期缴纳一定数量的年金保费，一般是退休后开始领取的。投资收益享受税收递延，直到养老金领取的时候投资收益开始征税。

2）人寿保险信托业务

对多数美国老年人来说，退休之后的主要生活来源仍然是社会保障。美国政府实行了缴费税收延迟支付，对于个人购买商业保险、施行个人养老金计划有积极的促进作用。美国老年人个人投资的商业保险中的主要险种是人寿保险，其中人寿保险信托业务发展更好。人寿保险信托业务以保险金或人寿保险单为信托财产，由委托人（一般为投保人）和信托机构签订人寿保险信托合同，保险公司将保险赔款或满期保险金交付于受托人（即信托机构），由受托人按信托合同约定的方式管理、运用信托财产，并于信托期间终止时，将信托资产及运作收益交付信托受益人。

人寿保险信托是为保证受益人合理运用保险金开展的，根据美国法律受益人在继承投保人的保险金时要缴纳税款，这就使得受益人不能完全获得保险金。除此之外，如果受益人年纪过小则没有能力处理保险金。此时人寿保险信托公司则可以解决这些问题,由于委托人把保险单委托给信托公司,保险单不再由投保人持有,因此子女继承时可免交税费。

而信托公司代受益人管理、投资保险金,可以保证资金的安全性和增值收益。美国人寿保险信托业务兼具保险和信托双重作用。

2. 非政府组织作用显著

在美国,非政府组织历史悠久,发展成熟。众多非政府组织参与的社会养老服务体系,一定程度上缓解了美国严重的老龄化问题。美国非政府组织为社会保障提供的资金与政府提供的财政支持相当,由于非政府组织资金来源渠道广,突破了单纯依靠财政支持的单一体制,对于缓解美国社会养老服务体系资金短缺非常重要。此外,非政府组织是有别于政府、企业的社会组织,能够对各级政府的保障资金给予体制外的监督。具体来说,非政府组织在缓解老龄化问题的过程中,先是扩充了美国养老服务体系资金的来源,然后发挥了养老保障方面的具体实施功能,为经济困难的老年人提供养老保险,同时,还直接从事着与养老服务相关的工作。

据统计,美国有13.5%的非政府组织活跃在社会服务领域,敬老服务是其主要内容之一,价格低廉且专业规范。

3. 社区养老模式发展成熟

当代美国的社区养老模式也是美国养老产业的一大特色。在美国,养老社区具备了强大的助老功能,各种服务设施齐全,所以很多美国老年人选择社区养老模式。

1) 自然形成退休社区

和机构养老的成本相比,"自然形成退休社区"所需费用相当低。"自然形成退休社区"是为独居恋家老人提供的社区养老方式。美国退休社区也有很多类型:提供休闲生活的退休社区、提供医疗服务的退休社区等。

2) 老年公寓

公共老年公寓是居家援助式养老的老人公寓,主要为符合条件的低收入家庭、老年人以及残疾人提供租住房屋。

3) 高端养老社区

美国的高端养老发展已有30多年。美国针对中高收入以上的人群,除有针对性的专业护理和各类照护外,规模化的机构养老服务主要有退休社区(AAC)和持续照料社区(CCRC)两种养老模式(见表6-1)。

表 6-1　美国中高收入以上人群的养老模式

居住形式	入住者情况		服务内容	核心特点
	身体状况	经济状况		
退休社区（AAC）	身体健康，独立生活能力较强的老年人	中高收入阶层	设置较多娱乐设施，如高尔夫球场、游泳池、网球场等	强调豪华舒适的生活，满足入住者享受生活的核心诉求
持续照料社区（CCRC）	需要照护的老年人	较高收入阶层	社区规模大，服务多样化，根据不同服务等级分为数个住宅群	以提供健康照护为核心，消除常规医疗机构的负面感受

美国的 CCRC 中，具代表性的是太阳城（SUNCITY）。它由 DelWebb 公司于 1961 年开始建设，目前在美国已有 20 多个以太阳城命名的养老社区，经过近 60 多年的发展与完善，美国太阳城已成为美国开发老年社区的著名品牌，也是世界上著名的专供退休老人居住和疗养的社区。

CCRC 模式主要采取出租的方式，向老年人提供日常所需的生活照料以及医疗护理。CCRC 模式由运营商主导，不依靠出售地产获利，而是提供房屋租赁权及服务享受权，即依靠收取房租费和服务费等方式获得收入。CCRC 模式具有会员缴纳入门费的特点，因此，若企业经营出现问题导致项目现金流断裂，则会出现重大风险。

美国太阳城模式对中国高端养老启示：中国发展高端养老项目要结合中国现状、公共医疗资源、配套设施资金投入、服务水平等问题，建设适合中国养老服务体系现状的高端养老社区，为收入较高的老年人提供舒适的养老服务，成为基础养老服务体系的重要补充方式。

综上所述，美国社区养老服务模式的金融支持路径是在金融市场日渐成熟的背景下，由金融机构参与投资，通过出租或委托经营实现成本覆盖及盈利。

4.适老金融产品丰富

美国金融制度较成熟，金融市场发达，融资渠道丰富，在美国养老服务体系构建中，除了上面介绍的金融支持路径值得我们学习和借鉴外，还有一些具体的金融支持产品也值得我们认真研究和学习。

6.2 英国社会养老服务体系发展中的金融支持

英国作为世界上最早宣布建成"福利国家"的国家，其养老保险制度在经过不断的改革和完善之后，已经形成了以国家基本养老金计划为基本保障，以第二养老金、各种职业年金、私人养老金等为补充的多形式多层次的社会养老服务体系，这对进一步完善中国养老服务体系的层次性以及未来养老金上市运营提供了很好的借鉴意义。

6.2.1 养老保险体系健全

英国的养老金体制最初较为复杂，在经过数次修订后，逐渐将错综复杂的养老金体制简化为三大支柱体制，即国家养老金、职业养老金和私人养老金。现代英国养老金制度建立在贝弗里奇报告的构想基础之上，实现国家养老金、职业养老金和私人养老金共同发展。

1. 第一支柱国家养老金

由英国联邦政府提供，旨在提供一个基本的养老保障，通过国家保险和税收进行运作，以现收现付为基础。现行的国家养老金包括面向全体满足条件纳税人的国家基本养老金（Basic State Pension，BSP）和面向中低收入或承担对残障病弱者长期照护义务的雇员的国家第二养老金（State Second Pension，SSP）。在这一层面中，所有人都可以拥有收益的权利，从而获得低水平的退休收入保障。从2016年4月起，一个统一的、单一的、等额支付的养老金计划将取代现行的国家基本养老金和国家第二养老金，以简化第一支柱公共养老金制度。

国家基本养老金纳入国家保险基金统一运作，仅投资于银行存款和国债等无风险资产，不进入资本市场，差额由历年结余和国家财政补充，随着人口老龄化程度的加剧，基本养老金缺口也日趋扩大。

国家养老金的领取年龄逐步提高，自2016年4月起，年龄提高到68岁，且需要缴纳30年的国民保险税，才可全额领取国家基本养老金。第二养老金的领取则采用与薪资收入相关联的累退制，即领取水平与薪资收入成反比，以体现对中低收入人群的倾斜。

国家基本养老金实现浮动调整制,参考平均工资增长水平、居民消费价格指数和 2.5% 的固定增幅,以三者中较高者为限。资金来源主要为雇员、雇主和国家三方。

2. 第二支柱职业养老金

职业养老金依据雇员的收入所得情况,以非积累的现收现付制作为缴纳基础进行运作,对雇员提供进一步的老年收入保障。在该制度中,缴纳费用为收入所得的一定比例,同时设定上限和下限。英国职业养老金计划先后经历多次改革,影响大的当属"协议退出"和"自动加入"计划。

3. 第三支柱私人养老金

私人养老金不是英国政府直接进行资金支持的,是个人自愿加入的养老金计划。私人养老金实行完全的个人积累制,个人的缴费可以部分税前列支并享受政府给予的税收优惠,积累的缴费将被用于金融市场投资,投资收益实行个税递延,仅在领取环节征税。英国私人养老金主要由保险机构和其他金融机构负责设计并提供给个人选择。

英国私人养老金已经是英国资本市场最大的资金来源,为了保证养老基金投资安全运营,英国政府逐步加强了对养老金融市场的监督。20 世纪 90 年代初,英国成立养老金法律审查委员会,负责制定养老金融法律政策并实施评估。英国于 1995 年制定了第一部新养老金法案,该法案限制了雇主和受托人的权利,促进了英国养老金信托的发展。随着养老金融市场发展与成熟,英国政府于 2000 年制定了《金融服务和市场法案》,设立综合性的金融监管机构——金融服务管理局(FSA),并在其下面设置了"养老金业务审核部",同时又在 2005 年成立它的独立监管机构——养老金监管局,以适应养老金与金融市场的相互关联性和金融综合经营的发展趋势,这对中国的养老金入市提供了很好的借鉴意义。

6.2.2 立法保障完善

从英国养老金体系市场化发展轨迹看,立法先行是英国养老金融持续发展的根本保障。法律是英国社会保障制度的一个强有力的支撑点。1601 年的《济贫法》反映出社会生产力和社会结构的变动,而 1834 年的新《济贫法》则使英国建立起社会救济制度。1946 年的《国民保险法》《工业伤害保险法》《国民健康服务法》以及 1948 年的《国民救济法》,使英国建立起了完善而成熟的社会保障体系。这些法律对养老保险制度的性质、申领条件、养老金津贴的标准、发放形式、养老金受益人的权利等方面都做了系统而详细的法律规定。1973 年,英国通过了《1973 年社会保障法案》，依据该法案设置了职业养老金管理委员会（The Occupational Pensions Board，OPB）对养老金投资进行监管。

6.3 日本社会养老服务体系发展中的金融支持

日本于 1970 年步入老龄化社会，是老龄化程度高且速度快的国家。日本在第二次世界大战后建立了完善的养老保障制度，具有政府起主导作用、覆盖面广和保障水平适中的特点，在养老理念、养老制度和服务标准等方面都是非常成熟的、先进的。日本政府不断支持养老产业的发展，已经形成了完善的养老服务体系，并不断占领世界老年市场，提高国际市场竞争力。日本养老服务体系主要包括养老保险体系、养老医疗保险体系、老年长期护理制度、老年人社会救助与社会福利、老年妇女保障。

6.3.1 社会养老服务政策体系发展历程

完善的政策体系为老年服务体系金融支持提供了重要的保障。日本很早就意识到养老问题，并且不断致力于改进和完善法律法规和政策体系。日本将退休问题列入社会、经济发展计划，从 20 世纪 60 年代起，就出台了许多重大法规，如《国民年金法》《老人福利法》《老人保健法》《介护保险法》，以健全老人的福利制度，保证日本的养老事业得以持续发展和完善。

在 20 世纪 90 年代之前，日本的主要方针是为老年人提供养老服务，促进其社会化、工业化发展，并制定健全的市场规则和行业标准，从而保护老年人的利益。其主要内容有：制定有关养老服务设施的相关政策、支持政策，制定老年商业道德规范，创建银牌标识体系，加强执业资格体系建设，提升执业医师的专业素质。

养老保险是日本社会养老服务体系的核心内容。日本是全球第二大寿险市场，市场化程度高，产品丰富。日本商业养老保险市场主要分为个人年金保险和团体年金保险。其中，个人年金保险产品主要是定额年金、利率变动年金和变额年金，其中定额年金占据主导地位。从日本养老保险体系发展过程看，主要有四个阶段，分别是：1954—1958 年，日本政府先后建立了厚生年金和共济年金体系；1961年4月，根据《国民年金法案》开始实施积累制的国民年金制度，该年金制度把个体经营者、农林渔业从业者都纳入进来，由此基本上达到了"国民皆年金"的目标；在公共年金制度不断完善的同时，日本职业年金和个人年金也得到了迅速发展；目前，日本已经形成了公共年金、职业年金和个人年金共同支持的多层次养老保险体系。

6.3.2 老年介护保险制度

日本的介护保险制度是独立于其他社会保险的一种制度。日本在2000年推出的《介护保险法》是日本重要的社会保障条例，标志着日本的长期护理保险制度建设进入了全新的发展阶段。介护保险制度通过市场化方式运作，推进了老年护理服务社会化，解决了社会养老护理问题。资金主要来源于政府、用人单位和个人，参保对象为40岁以上人群，缴纳金额与收入正相关，65岁以下政府缴纳50%、单位和个人缴纳50%，65岁及以上政府和个人各缴纳50%。65岁以后如果有护理需求，经"护理认定审查会"确认就可以接受这项保险提供的服务，在报销限额内，被保险人仅需承担费用的10%，其余由保险和国家承担。

护理保险的推出，有效解决了老年人的经济问题，推动了日本养老服务产业的社会化，成为日本养老服务产业发展的拐点。2000—2011年，日本护理保险总支出持续快速增长，从2019亿日元增长到5787亿日元，除2006年外，各年增速显著高于同期GDP增速。在此期间，养老理念从"治病"向"治未病"转变，养老需求逐渐从非自理型需求向自理型需求转变，需求的前移导致日本居家及社区养老的占比从28.24%提高到62.07%。受益于介护保险的推出，日本大的养老服务公司——日医学院在2000—2015年营收复合增速为7.48%，日本高端养老机构的代表——日本长寿控股在2005—2015年营收复合增速为12.6%，均远高于同期GDP增速。

在老年护理服务设施建设方面，日本政府、企业和非营利组织均可参与建设。政府主要提供基本养老保障范围内的老年护理服务设施，而企业和非营利组织根据老年人不同需求特征建设相应的商业或公益性护理服务设施。

6.3.3 养老服务体系投融资情况

在养老服务体系投融资方面，日本的经验有独到之处。日本政府和社会各方的金融支持的作用同样显著。在融资供给方面，日本养老产业受到了政府的大力支持,采取了政府直接融资和税收优惠及政府补贴方式,同时也有企业和金融机构的融资。一些福利性的养老设施是由政府出资兴建的,一些商业性的养老设施则由企业来投资。目前,日本形成了明显的政府为主、企业金融机构为辅的资金供给模式。

日本的公共养老金包括第一支柱的国家养老金,第二支柱是与收入关联的厚生年金和共济年金。这两部分资金由日本政府成立的专门机构日本政府养老投资基金(GPIF)管理运营。日本政府养老投资基金是全球养老金中外部委托比例和规模较大的养老金。截至2014年,GPIF共聘任了67家外部管理机构,管理资产规模合计约100万亿日元,委托投资占比73%。外部委托资金涵盖了债券、权益等多个资产类别,其中以国内和海外权益类资产为主,其次是海外债券。

日本的养老服务产业通过各种融资手段去融资,而融资成功的案例都在项目实施前进行了专业的可行性分析。因此,项目运营不但获得了良好的投资收益,还建立了品牌,得以扩大再投资。

6.4 国外养老服务体系中金融支持借鉴

随着老龄化人口的不断增长,老龄化对于我国的社会保障制度提出了严峻的考验,但也为中国老龄事业的发展提供了新的契机。国外部分发达国家在养老服务体系建设与金融支持体系建设方面,有许多值得借鉴的经验。

6.4.1 养老金变革的经验借鉴

从国际经验来看,养老金资产是资产管理行业主要资金来源之一,对养老服务行业和实体经济影响深远。从国外养老服务体系发展过程可以看出,养老金、金融市场和实体经济构成了一个良性的循环。养老金由专业金融机构管理,并发展壮大,养老金作为重要的长期资金,一方面改善资本市场的投机性和波动性,稳定了社会发展,另一方面改善了资本结构,优化了资源配置,使金融更好地服务于实体经济,同时,进一步提高国民收入水平。

1. 养老金储备对中国养老金上市的启示

养老金储备以及养老金投资管理与保值增值是推进养老服务体系建设的重

要金融支持路径。而养老金制度生态与养老金投资环境,则是提高养老金保障水平的两大决定性因素。整合与改革养老金制度,构建多层次资本市场,是改善养老金生态环境的关键步骤。

2000年全国社会保障基金成立之时就允许养老金入市,但养老金投资管理还不完善,中国养老基金只能存入银行或购买国债,回报率较低,几乎无法抵补通货膨胀造成的损失。根据人社部新闻发布会,2016年中国养老金入市已进入倒计时,因此,国外成熟的养老金投资管理经验非常有借鉴意义。

2. 国外养老金机构投资模式对养老金管理机构的启示

国外经验表明,外部委托和直接投资相结合的市场化投资运作模式是养老金实现保值增值的重要渠道。为了保证养老金外部资产管理的规范和较好业绩,需建立完善、严格的遴选程序和方法,实行严格的监督,确保外部委托资金能够安全稳健地进行投资,实现合理回报。

3. 国外养老金运营监管主体的选择对养老金运营监管的启示

由于上述国家实施的审慎监管模式并没有对养老金投资进行强制性的比例要求,因此从投资运营角度来看,监管以金融政策部门为主导。同时,金融投资的专业性较强,市场发展较快,但以安全为导向的监管趋于保守,导致养老金投资运营滞后于市场发展,不能实现养老金投资效益最大化。

中国当前养老金投资运营监管有所不同,目前进行市场化投资运营的全国社保基金投资政策由财政部制定,企业年金投资政策由人力资源社会保障部制定。投资政策主要包括投资比例限制、投资工具限制、牌照限制等。在上述监管架构下,非金融监管机构对养老金投资运营的影响更大,但是存在监管力量不足、专业性不强的问题。因此我们认为,养老金运营体制监管应该借鉴国外成熟经验,实行双峰模式。

第一,在国家层面成立专门的养老金监管局。

整合相关部门职能,成立国家养老金监管总局,负责养老金运营机构监管(包括养老金投资运营的牌照、投资范围和比例等)。事实上,这也与中国日益增长的养老金规模相匹配。应该指出的是,除了人社部门,养老金监管局更应该吸纳金融监管部门的人才和力量,体现金融监管的专业性。

第二,提高金融监管机构的参与程度。

整体来看,从数量监管向审慎监管转变逐渐成为养老金监管体制的发展趋势。此外,面对日益突出的养老金缺口,投资运营是实现养老金自我积累的主要方式,有助于促进养老金财务可持续性。在这种情况下,金融机构在养老金运营中的监管作用日益突出。因此,建议成立养老金监管协调机构,在养老金改革的顶层设计和相关政策制定过程中,注重吸纳金融监管部门参与。此外,在养老金投资运营体制中,更加注重发挥金融监管部门专业性优势。

第三,企业年金计划实现审慎监管,适当放宽投资限制。

依据养老基金性质和风险收益水平进行差异化监管,以降低养老基金的整体风险。对第一支柱养老金、储备养老金等政府具有兜底责任的养老金实施数量限制监管,但是应该适度扩大投资范围。

6.4.2 养老服务体系发展的经验借鉴

发达国家在应对人口老龄化方面积累了一定的经验,为我们提供了很好的学习和借鉴经验,具体表现在以下几个方面。

1. 政府在养老服务体系建设中的主导作用突出

从发达国家的融资经验来看,在养老服务产业相关制度和政策的实施方面坚持透明的原则。不仅法制健全、政府执政能力强,相关的政策体系本着公开、透明、公平的原则,使每个企业都能享受政府优惠。养老服务产业政策比较规范和公平的国家主要是美国、英国和日本。美国政府主张把大部分的财政预算盈余投入到社会保障事业中。日本通过制定法律等形式规定了老年护理和医疗服务与产品标准,规定了行业标准,提高养老服务产业的服务质量,同时保证养老服务企业的利益。可见,政府在养老产业的发展中扮演重要的角色,在市场化运作的项目上,政府提供必要的政策支持,并加以监督和管理。因此,中国养老服务体系的构建要充分发挥政府的统筹规划和监督指导作用,明确养老服务体系发展目标及重点领域,落实养老服务体系在社会融资、税收减免、土地供应、水电气费减免等方面享受的优惠政策等。

2. 基于老年人有效需求特征,构建养老服务体系

由于老年人的需求差异大,企业必须在老年人群体中开展市场调查,深入了解老年人群体的需求,对市场进行细分,根据老年人的消费观念、消费习惯、消费能力以及消费方式等提供适销对路的产品和服务。同时,企业要提升产品和服务的创新性,提高产品和服务的质量和科技含量,提升其对老年人群体的吸引力,并做好营销工作,做好产品和服务的宣传工作,让老年人真正认识到产品和服务的优点,从而刺激其消费。日本的养老服务体系在这方面为我们提供了很好的借鉴。

综上所述,发达国家已经形成了较为完善和成熟的养老服务体系,这为中国养老产业的发展指明了方向。因此,我们应借鉴发达国家的先进经验,积极构建

中国养老服务体系。

6.4.3 金融支持产品的经验借鉴

1. 长期照料保险

长期照料保险已成为发达国家健康保险市场中重要的产品之一。经过20多年的研究和实践，发达国家普遍认识到，建立相对独立的长期护理服务体系是养老服务体系发展的重要内容，需要进行科学的管理和规范。老年长期照料保险为满足老年人护理服务需求，抑制医疗费用的飞速上涨起到了重要的作用。美国和日本是护理保险发展较好的国家。美国的长期护理保险至今已有近40年的历史，由商业保险公司自愿办理。日本的护理保险始于2000年，由政府强制实施。

总体看，日本和美国的长期护理保险已成为社会养老服务体系的重要支撑，以服务机构为主体，服务标准化、规范化，鼓励家庭成员、社会工作者和志愿者积极参与长期护理服务。发达国家通过建立和完善老年护理保险制度来解决老年人护理与保健服务的资金问题，这为我们提供了宝贵的经验。

2. 以房养老

以美国、英国、日本为代表的发达国家在以房养老方面均有实践并形成了一套完善的制度体系和操作规范。其共性经验可以概括为四个方面：一是因需而设，以老年人需求为出发点，结合实际需求，灵活设计；二是制度保障，出台相关的规章制度，用制度规范流程和操作原则；三是专业委托，产品的实际操作机构实力雄厚且专业，一般为基金、保险或银行中的佼佼者，行业经验丰富，并且拥有足够的专业技术水平；四是政府监管，制定政府监管办法，用政府监管保障以房养老市场的正常有序发展。

6.4.4 投融资模式的经验借鉴

发展老年人的社会保障制度，必须建立健全的社会保障基金。近年来，我国的养老保险制度得到了越来越多的资金支持，资金来源多样化，财政和政策也得到了健全，有效促进了我国养老事业的发展。

1. 标准化金融投资和金融活动

在国外，老年人社会保障制度比较完善，国家财政支持标准化、规范化，并通过对具有积极外部性的养老服务公司进行一定的补贴，以矫正其市场功能。从这一点可以看到,在金融投资领域,发达国家不但有清晰的金融投入,也有较为完善的运行模式。

在这方面,日本和美国的做法值得借鉴。日本的养老体系也因为有了国家的财政资助,才有了一个健康的循环,发展出了以养老机构为中心的"养老院"的工业模式。

金融投资与筹资的标准化能促进市场的正常运转,从而提升经营效益,这样才能更好地为老年人提供帮助。总体而言,在发达国家,政府的财政投入领域十分清晰,运行机制较为完善,保障了"老有所养"的目标,而其金融投入也基本上能够有效地解决无法通过市场化筹资的老年行业的融资问题。

2. 多样化的筹资方式

在西方,养老金制度的金融支撑中,最具代表性的特征就是筹资方式多样化。英国、日本、美国采用的是以政府、非营利机构和市场化机构为主体的养老机构的多元化运作模式,既减轻了政府的资金压力,又能适应老年人多样化的养老服务需要。政府以政策为导向,以直接或间接的方式,对社会资本进行财政扶持。美国的养老保险行业已经发展得非常完善,并且已经有不少的风投公司加入进来。成熟的金融市场为建立健全的养老保险制度提供了良好的支撑环境。

国外的一些先进的养老机构的融资模式为中国的养老机构融资模式提供了有益的借鉴。在拓展我国养老机构的资金来源的基础上,还必须注重资金来源和手段的多样化。财政投入、个人投资、银行贷款和其他行业投资资金、债券融资、创业投资、信托投资等都是我国养老机构融资的重要途径。中国的养老服务系统发展不成熟,通过银行融资相对困难,这就需要政府的财政扶持。加强财政扶持制度的构建。中国养老机构的融资既要靠国家的扶持,又要靠健全的金融市场来保证。目前我国的养老机构在融资模式上存在着一些缺陷,无法为其发展带来一定的支撑作用,所以在未来一段时间内,建立起我国的养老保险融资支持系统是首要工作。

6.5 本章小结

美国等西方国家,在发展老年人保险制度和金融支持上已有了较为完善的发展模式,其共同特征包括制度保障健全、适老金融产品丰富、融资渠道多样、业务流程规范。虽然美国的情况与中国的情况存在差异,但是美国社会保险制度、雇主支持型养老金制度以及个体养老保险制度的平衡发展对于中国未来的养老金市场的发展有着积极的参考作用,而完善的以房养老制度对于中国目前的试点工作也有一定的参考作用。英国是一个具有良好福利制度基础的国家,其在养老金制度与财政制度建设上的成功实践,对于中国的养老保险制度进行顶层设计具有重要的借鉴意义。与中国的传统习俗较为接近的日本,在许多方面尤其是在养老保障上,更有必要进行深入的探讨。本书以美国、英国、日本等发达国家为例,对我国养老行业的发展背景、发展历程、融资渠道进行了较为系统的分析,从筹资方式选择、金融支持产品等方面的研究,分析了我国金融支持制度的发展历程。从养老金变革、发展养老服务体系、金融支持产品、投融资模式四个层面上进行总结,为我国建立社会保障制度提供财政支撑的途径提供了理论依据和现实依据。

Chapter 7

第 7 章　金融支持养老服务
　　　　　体系的问题分析

7.1 关于养老服务的金融支持法律不健全

尽管我国十分关注老年人的安居问题,并且也付出了巨大的努力,但是从整体上看,其关注的范围过于宽泛,导致关于财政资助的立法尚不完善。2015年民政部与国家开发银行联合颁布了《关于开发性金融支持社会养老服务体系建设的实施意见》,2016年中国人民银行公布了《关于金融支持养老服务业加快发展的指导意见》,总的说来,这两个文件具有较强的宏观指导作用,但缺乏具体的微观指引。

7.2 金融业对养老服务业支持不足

7.2.1 养老金总量不足,养老服务金融缺乏资金基础

从表7-1可以看出,中国60岁及以上人口数量在2008年至2017年一直在稳步增加,年均增长约为1000万,它所代表的人口比重每年都在增长。从2008年至2017年中国60岁及以上人口数量增加了8750万。

表7-1 2008—2017年全国60岁及以上人口数量和比例

年份	60岁及以上人口数量/万人	年末总人口数量/万人	60岁及以上人口数量占总人口比例/(%)
2008	15340	132129	11.61
2009	16714	133450	12.52
2010	17765	134091	13.25
2011	18499	134735	13.73
2012	19390	135404	14.32

续表

年份	60 岁及以上人口数量/万人	年末总人口数量/万人	60 岁及以上人口数量占总人口比例/(%)
2013	20243	136072	14.88
2014	21242	136782	15.53
2015	22200	137462	16.15
2016	23086	138271	16.70
2017	24090	138869	17.30

(资料来源：《中国统计年鉴》。)

从表 7-2 可以看出，1998—2017 年的 20 年间，中国 65 岁及以上人口数量从 8359 万增至 15831 万，几乎翻了一番。此外，1998—2007 年，中国 65 岁及以上人口增长率较 2008—2017 年更为平稳。深度老龄化是指 65 岁及以上老人所占人口总数比例达到 14%。根据世界卫生组织的人口统计，到 2027 年前后，我们将步入"深度老龄化"的阶段，届时我国的养老问题将更加严重。

表 7-2 1998—2017 年全国 65 岁及以上人口数量和比例

年份	65 岁及以上人口数量/万人	年末总人口数量/万人	65 岁及以上人口数量占总人口比例/(%)	年份	65 岁及以上人口数量/万人	年末总人口数量/万人	65 岁及以上人口数量占总人口比例/(%)
2017	15831	138869	11.40	2007	10636	132129	8.05
2016	15003	138271	10.80	2006	10419	131448	7.93
2015	14386	137462	10.47	2005	10055	130756	7.69
2014	13755	136782	10.06	2004	9857	129988	7.58
2013	13161	136072	9.67	2003	9692	129227	7.50
2012	12714	135404	9.39	2002	9377	128453	7.30
2011	12288	134735	9.12	2001	9062	127627	7.10
2010	11894	134091	8.87	2000	8821	126743	6.96
2009	11307	133450	8.47	1999	8679	125786	6.90
2008	10956	132802	8.25	1998	8359	124761	6.70

(资料来源：《中国统计年鉴》。)

根据世界各国的发展历史，在步入老年社会前，都要经历一次长期的财富累积。但在我国，由于缺乏财富的累积，我国的老人将大量的储蓄用于满足基本的需要,很多老人的生活水准仍较低,这就导致了老人对老年产品的购买不感兴趣。

对于养老保险公司而言,在进行产品的选择与定价时,必须要充分地考虑老人的消费习惯和水平。受到勤俭节约的传统思想的熏陶,老人们常常因为价格而压制自己的需要,所以产品在定价上不要过高。但是即便控制了价格,老人们还是没有太多的购买欲望。这主要是由于老人随着年龄的增长,对服务的要求越来越高,在养老上的花费也会相应地提高,而他们的经济来源却越来越少。

另外,我国的养老金体系也有一定的弊端。企业的年金账户分为企业账户和个人账户,其中个人账户可以细分成为正常缴费账户、退休支付账户和离职保留账户,每个账户的功能也有差异。正常缴费账户是平时缴纳企业年金的账户;退休支付账户是退休后领取企业年金的账户;离职保留账户是员工离职后,不再进行缴费的账户。在一定程度上,设立账户,可以使公司职工的养老金得到更好的保障。因为雇员的流动性大,在雇员退休以前,很难固定工作在某一个公司不跳槽,而在雇员离开公司时,这样就会产生一些问题。例如,新公司没有养老金制度,养老金账户只能在原来的公司里,不能转让,导致账户中的钱无法增加,而退休后养老金的发放与缴纳的金额和账户的余额有关,如果停止缴纳,则未来领取的养老金会大幅减少,这是对雇员福利的损害。目前,企业年金的运营模式主要有三种:大型企业自办、社保机构经办和商业保险公司经办。在企业自行经营的情况下,公司每年会将其侵占;将其移交社会保障部门,可能会存在监管不力现象;将其转交给保险公司,其经营成本过高且使用途径较窄。

由于我国城乡养老保险制度存在着较大的差距,导致了各地区养老金融发展的不平衡。对于城市老人来说,退休金制度得到了政府的重视,而且每年都在增加。而农村老人则是通过自己的财产和孩子的赡养来维持自己的生活需要。从供与求两个层面来分析,城市地区的养老金融发展水平均高于农村地区。

7.2.2 养老服务金融产品缺乏针对性

我国的老年社会保障制度的建立,必须从多个方面入手,提高老人的养老服务质量,保证其生活质量。所以,从财政的角度来看,研究与开发养老保险的理财产品,是建立健全我国的养老保险制度的重要依据。

然而,我国传统的养老服务市场基本是"卖方"为主,将其所能提供的养老资源进行整合包装提供给老年人。在这样的服务模式下,养老社区和机构缺少对老年人需求的调查,老年人也缺乏对服务的具体内容的了解,服务后期缺少信息反馈，服务提供方无法了解老年人的服务满意程度，且整个服务只在社区机构与被服务的老年人之间展开，信息不公开。因此，我国的养老服务市场还存在许多问题。就金融行业来说，现在的金融行业还处在初级发展时期，尽管有良好的发展空间，但要在短期之内建立一个完整的、崭新的金融业态体系，显然不太可能。银行、保险、基金等金融组织也在积极探索，为老年人提供个性化的金融产品和金融服务。然而由于缺乏调研与剖析，未能深入理解老人的服务需要，很多产品与服务仅仅打着"安居"的幌子，本质上仍然属于"普惠型"，缺乏准确定位。

然而，在社会和经济发展的同时，人民的日常生活也变得越来越丰富多彩。按照马斯洛的需求理论，在物质生活和健康条件不断改善的情况下，老人的生活需要和生活的安全需要得到了保证，人们对情感和心理的需要更加重视。然而，社会团体等对老人的这种需要却没有足够的重视，甚至还很少。例如，面对老人缺乏交流的问题，很多团体通过组织义工等方式，以缓解老人的孤独。但这种志愿服务通常形式大于内容，由于志愿者的随机性，导致他们和被服务老人之间不熟悉，许多服务和沟通变得徒劳无功。而美国西雅图的"文森特老人服务中心"根据儿童的活泼性格，设计了"老人托儿所"，让孩子们经常参加老人的活动，缓解老人之间的枯燥氛围。在这个案例中，老人对自己的价值进行了再确认，并减少了孤独感，满足了老年人的心理需要。因此，在养老服务产品的设计与开发上，必须以老人的需要为切入点，才能收到更好的效果，从而推动我国养老事业的发展。

7.2.3 对养老服务金融认知不足和观念偏差

由于我国当前处于经济转型时期，一些老年人更多地关注短期的经济效益，而忽略了对养老金的投资，其养老资金往往是以储蓄等方式来实现的，因而忽略了利用财务手段为其晚年的人生做准备。从对养老保险的需求上，无论是老年人，还是想要退休金的年轻人，都会把重点放在"低风险"与"高回报"上，所以对理财产品会全面考量其费用及可用性。养老保险的理财产品品种繁多，且其产品差别较大，加之当前许多老年人的受教育程度较低，对此类商品的了解也较少，这就使得老年人在选择养老保险理财时，往往会轻易地买到自己不了解的保险。另外，随着网络经济的迅速发展，网络的虚拟化导致了大量的财务欺诈、财物侵吞等事件，在老年人群体中形成了一种消极的形象，这也是为什么老年人会在存款方面倾向于选择最安全的银行存款。

另外,我国传统的以子养老观念深入人心。由于多数人将晚年的希望寄托在孩子的肩头,因此对养老基金进行投资,并对其进行一定程度的了解,就变成不必要的选项。所以,要引导老年人以更加开放的心态看待养老理财,这可以逐步提高今后的养老水平,使老年生活更加美好。

7.3 养老服务体系的建设缺乏资金

7.3.1 银行不愿贷款给养老服务业

当前,国家已经制定了一系列的政策,以指导和扶持养老业。然而,在养老领域仍然缺乏银行等金融机构的支持。《中华人民共和国物权法》明确指出,公共设施不能用作抵押品,所以属于公益性质的养老机构,向银行借款时,是不能将自己的设备抵押出去的。所以,很多私人养老机构的创业经费都是以公司自己的资金为基础,开展经营活动时,也要靠养老机构的经营收入来支撑。养老机构的收入一部分来自国家资金和民间捐款。

另外,由于带有社会福利的性质,很多养老机构对自己的经营缺乏监管,经营管理简单化,信息不完全公开,而财政、税务以及其他社会组织也不能对此进行严格的限制。这将会使银行对其公司治理、盈利能力和现金流等方面提出异议,进而限制其贷款。

7.3.2 社会资本不愿参与养老服务业的建设

我国的社会保障制度由于具有社会福利性质,长期以来都是由政府主导和引导的。尽管政府可以采取一些政策导向、财政补贴等方式,比如在当地建立专门的养老产业支持基金,并利用PPP、众筹等方式进行融资,从而将部分社会资本引入这一领域,但大部分的社会资金仍然在观望。目前,我国的养老服务业市场的实际需求量与购买力并不明确,而我国的老年护理行业能否实现赢利还不得而知。另外,为老年人提供的服务只有设定一个比较平易近人的价位,才可以促进他们消费。但这样的服务,利润非常少,造成了前期大量的人员和资源投入,且不可能在短期之内就能产生收益。盈利能力的不稳定以及长期的投入周期限制了社会资金在养老服务业中的投入。

7.4 养老服务产业的建设存在问题

7.4.1 养老资源供给不足

据国家统计局发布信息,2020年末国内有养老机构3.8万个,养老服务床位823.8万张,较2019年增加62.4万张。国内平均每千名老人养老床位43张,与发达国家50—70张的标准还有较大差距。

尽管目前我国的养老床位数量在持续增加,但一味地寻求增加床位的数量,未免过于极端,对于养老院来说,不应仅仅把床位数量作为评价与度量指标,更重要的是要提高老年人的生活品质。

7.4.2 提供的养老服务不能被有效利用

中国城乡社会的差异和养儿防老的观念深入人心,导致了目前的社会养老资源无法被充分利用,其中最突出的就是各养老社区的低入住率。尽管目前国内的养老床位数量较少,但北京市老龄委2017年10月发布的《北京市老龄事业和养老服务发展报告(2016年—2017年)》显示,北京市现有养老院534所,其中公立养老院260所,公立养老院入住率超过50%是正常现象,有些养老院仅为10%—20%。另外,由于供给与需求的不均衡导致了部分边远地区的养老院基本只有30个床位,而在市区中很多的养老院则是爆满,很多老年人还在等待着登记。

另外,老年人群体的需求与养老机构提供的服务也有一定程度的偏离。随着年龄的增加,老人的身体功能会逐步下降,照顾自己的能力也会随之下降,特别是那些失能或半失能的老人,需要更多的专业化和多样化的服务。然而,现有的养老院大多会接受身体状况良好的老人,有些则干脆只接受能够照顾自己的老人。公共养老院具有较好的服务,并且费用也较低,所以很多老人都愿意选择在公共养老院居住。但是,随着老年人口不断增加,公共养老院的服务难以满足需求。因此,供给与需求之间的非对称性,产生了老年人无法享受养老服务的矛盾。

7.4.3 养老服务水平低

目前,我国的养老保障体系仍处于较低水平的阶段,需要进一步提高。前文所提到的养老服务中心数量与床位数量不足,且服务设施落后、照顾能力有限、布局不合理、环境脏乱差、管理混乱等现象普遍存在。另外,现有的养老院服务项目多为家政服务、日间照料服务,医疗服务缺乏,没有建立"绿色通道",仅能为老年人提供基本的保健服务,应急反应的能力相对薄弱。同时,由于各类型的老人的多元化需要无法得到充分的解决,导致他们对养老机构的满意度降低。

从整体上看,我国的老年护理水平较低是由多种因素造成的。

第一,对老年人的关怀意识不够。对于很多养老服务企业来说,他们更看重的是企业的运营和收益,那些不能照顾自己的老人,尤其是失能和半失能老人,往往会被机构拒绝。另外,由于机构提供的养老服务以基本的衣食住行等生活照料为主,老人的心理需要往往被忽视。

第二,在我国的社会保障制度中,存在着不完全性。在服务机构方面,社区、机构以及其他服务提供方的推广方法不够科学,造成很多有需要的老人不知道自己的服务内容和资源品质,不知道养老资源的具体使用方式,导致供需不对接,养老资源无法实现有效利用。同时,许多服务的流程较为烦琐,例如社区内的老年人向养老社区管理人员提出自身的需求之后,往往是要先进行登记,然后协调安排。在这个过程中,信息流动的速度直接影响了养老服务供给的时效性,当信息匹配中耗时较多,服务的及时性就无法得到保障。此外,有的服务可能还存在服务人员供给不足,或者排队等待服务的情况。由于供求关系不对称,导致了社会养老资源的空置和需要不能得到及时、有效的解决,所以必须借助网络技术来进行信息的实时分享。

第三,一般来说,专业的养老院会按照老人的实际状况来进行分类,国内比较完善的有康复医院、护理院、疗养院等。《2016年社会服务发展统计公报》显示,2016年末全国共有1400万家养老院,较2015年增加20.7%。其中,已登记备案的养老服务机构总数为29000家,社区养老服务机构和设施35000个,共有养老床位730.2万张,较2015年增加8.6%(平均每千名老人拥有31.6张床位,同比增加4.3%),其中,社区留宿和日间护理床位达322.9万张。护理型以及医护型的养老床位数量少是重点,而且很多机构中提供的养老服务并没有进行细分,除了必要的生活照料之外,各种医疗照顾和文化娱乐等内容掺杂在一起,在形式上呈现出了多元化,然而实际的服务质量还有待提升。在养老机构护理人员的问题上,各养老机构为减少成本开支,近半数的养老机构招募的护理人数不足5人,而且这些人员的学历一般在中专以下,其中经过专业护理知识培训和取得专业养老护理员资格证书的人员不到三成。目前,全国设置养老护理专业的院校数量较少,即使开设了养老专业,但是许多职业院校面临着招不到学生的尴尬局面。培养出的专业化的养老服务人才也相对较少,难以适应不断增加的养老市场需要。而受过专门训练的护工往往会到医疗单位工作,所以养老服务中心的招聘条件才会有所宽松,这就导致了职业护工的短缺。目前,在养老院工作的大部分护工年龄在40岁以上,这使得养老院的医疗卫生服务的整体素质出现了一种"粗放式"的现象。

第四,管理与回馈的缺失。老年人的社会保障制度涉及的范围广,管理起来也更加困难。另外,由于老人的照顾是持续性的,他们的需要会持续一生,因此需要进行追踪和护理,并且在他们之后的护理中,可以提高他们的满意度。只有在初期提供高品质、高效率的护理,再配合后续的即时回馈,才能使整体的护理工作系统化,进而提高其品质。

Chapter 8

第 8 章　金融市场支持社会养老产业的可行性分析

面对人口老龄化的严峻挑战，构建完善的社会养老服务体系成为必然选择。金融服务主动介入社会养老服务体系建设，发挥金融对养老服务体系的支持功能，用金融助推其快速发展，进而加快养老服务产业化、社会化进程，这项工作影响深远，意义重大。本章旨在梳理社会养老服务体系建设的金融供给现状基础，对接社会养老服务体系建设的金融需求实证研究，提出金融供给可能性，以期达到供需平衡。

8.1 社会养老服务体系建设的金融供给现状

8.1.1 政府性投资主体占主导地位

目前，在我国社会养老服务体系建设中，各级政府的财政补贴和支持占据很大一部分。政府的资金除了用于支撑整个庞大的社会基本养老保障体系外，还体现在各级政府对养老产业发展的引导和补贴上。

1. 在财政资金支持方面

政府率先为各级养老照料中心建设提供补助资金，也是为了带动社会力量对养老产业进行更多的投资，推动养老机构规模的扩大。政府预算安排的养老扶持专项资金投入力度不断增加，不仅建设资金在增加，运营补贴也在不断提高，通过政府财政资金支持来带动全社会在养老产业上的投资。

2. 在土地政策支持方面

将养老机构的建设需要用地纳入国有建设用地的免费供应计划，并明确了各养老社区的计划用地指标。同时，也出台了相关政策性文件明确支持。

3. 在税费政策支持方面

国家税务总局为落实国家相关养老服务产业税费支持政策，规范了养老机构在水、电、气、供暖等方面的标准，规定统一按照中国居民生活类价格标准执行。政府近年来陆续出台扶持政策，进一步规范资金支持标准，养老服务体系建设财政投入逐年增加。以居家养老为例，为了确保居家养老服务项目能够顺利实施，政府先后出台了一系列的辅助养老机构运营的支持政策，明确和规范相关的补贴标准，并扩大了相应的补贴范围。

8.1.2 社会投资主体参与有所增加

当前,在养老产业的投融资中,虽然有保险资金和商业银行资金的投资介入,其中国内贷款的发展较为迅速,但资本市场资金、信托资金等融资渠道的资金投入仍然较少(见表 8-1)。

表 8-1 当前养老产业主要介入主体

企业类别	经营领域	典型企业	产品项目
养老金融	研发、销售老年金融产品	泰康人寿、建投控股	老年理财平台、老年保险产品
养老社区	开发、运营养老社区和养老公寓	泰康人寿、万科集团、绿城集团、保利集团、远洋集团	乌镇雅园、万科幸福汇、远洋椿萱茂
养老服务	研发移动医疗设备;提供医疗服务、家政照料服务、休闲娱乐服务等	蓝卡健康、建设控股、唯创国际、泰福健康、仁爱华	定制化医疗保健服务方案、移动医疗设备、家庭医疗与护理;老年旅游产品、老年电商平台
养老产品	研发、销售老年产品	普拉德集团、二十一克公司	老年代步工具、老年手机

2016 年,一大批企业通过各种方式涌入社区养老产业(见表 8-2)。

据统计,截至 2015 年第三季度,共有 10 家保险公司投资养老社区项目,实际投资额超 250 亿元,与 2014 年相比,投资项目增加了 8 个、投资总额约增加了 83 亿元。

表 8-2 社区养老多元化投资主体汇总

类型	公司
房地产企业	万科集团、保利集团、绿城集团、远洋集团、复兴集团、上海实业、花样年集团、太阳城集团、恒大集团、绿地集团、合生创展集团、万达集团等超过 80 家地产公司进入养老地产领域
保险公司	泰康人寿、中国人寿、合众人寿、新华人寿、太平人寿、中国人保、平安集团、生命人寿等

续表

类型	公司
国企 (不含房企、险资)	首开集团、京能集团、一轻控股、北京国资公司、首钢集团、北辰集团、光大控股、京投地产、中金瑞华、宜华健康、山西省投资集团
养老服务机构	亲和源、爱馨养老、汇晨养老、燕达国际、青松老年看护、海阳老年事业发展服务中心、凯健华展、慈爱嘉、星堡老年服务(中美合资)、维斯福祉商务咨询(中日合资)、善初会养老产品研发(中日合资)、礼爱企业管理咨询(中日合资)等
实业集团	新华锦集团、祈福集团、光明食品集团、宜华健康等

为了避免投资模式上的单打独斗,2015年房企、险资开始强强联合,在养老地产、健康医疗、地产金融等诸多领域进行了深入合作,把"养老地产＋养老医疗＋养老保险"模式推广开来。

国企投资养老产业的模式主要有:①收购与并购;②成立专业公司或提供专业服务;③与成熟养老品牌企业合作。

8.1.3 融资方式有所拓展

我国的养老项目投资大,盈利困难,利润率低,投资回报周期长,缺乏抵押品,很难得到外力的资助,主要通过自身筹资和国家财政补助。政府的财政扶持政策可以有效地弥补我国目前的养老保障制度建设中存在的资金不足问题,但是却无法从根源上改善我国的养老保障制度。为了解决中国的养老保险融资问题,国家和地方每年都在不断增加财政扶持,并与资本市场接轨,扩大了养老保险制度的融资途径。如今养老服务业的融资方式主要有政府补贴、银行贷款、债券融资、上市融资、产业基金、信托投资基金、PPP模式等(见表8-3)。

表8-3 养老产业主要融资方式

融资方式	融资难度	举例
政府补贴	机构性质和地方经济发达程度影响补贴方式	政府向公办养老机构划拨用地,原则上政府不再提供运营补贴;大多数的民办养老机构不享受政府建设经费补贴,但可以享受运营补贴。目前,经济越发达的地区补贴力度越大

续表

融资方式	融资难度	举例
银行贷款	由于受银行产品和条件的限制,民办养老机构融资难度大	光大银行温州分行在 2014 年 3 月为泊岙老人公寓提供贷款 3000 万元,民办养老机构银行融资才实现了零的突破;国家开发银行河南分行于 2015 年 8 月与河南洛阳逸康老年服务中心开展银企合作,对洛阳市逸乐苑提供 6000 万元的信贷支持,逸乐苑是洛阳市首个实现医养结合的综合性养老机构
债券融资	政策红利助推债券市场快速发展	2016 年 3 月,椿萱茂董事长李明表示,养老地产将与住宅、商业地产、金融业务并列为公司四大业务。已经在北京的亦庄、青塔和双桥落地 3 个养老项目
上市融资	对符合条件的养老服务企业提供上市融资	汇晨养老于 2016 年 5 月被光大控股收购 67.27% 的股权(具体金额尚未披露);2016 年 6 月,亲和源 58.33% 股权被上市公司宜华健康收购,获得超过 4 亿元的资金支持
产业基金	国家、地方、金融机构等积极投入	国家层面,2015 年国家发改委设立用于扶持大健康产业的国有基金,并给予特殊政策,使其能够最快和最大额度地融资;地方层面,2015 年湖南设立湖南健康养老产业投资基金,这是全国首个省级政府引导型健康养老产业投资基金;金融机构层面,在政府发起的创投引导基金的同时,民间资本和部分金融机构也建立了产业基金,如中欧养老产业基金于 2016 年 3 月发行,目标聚焦养老产业链中的上市公司
信托投资基金	国内正在起步阶段	国内公募基金的投资标的范围拓宽至房地产,如万达联手快钱公司于 2015 年 6 月发起"稳赚 1 号"以及万科联手鹏华基金发起国内公募信托投资基金。2016 年,诚和敬与信托公司及银行共同研发消费信托产品
PPP 模式	政府关系、盈利难是该模式存在的主要风险	发改委公布的第一批 PPP 项目,有 38 个养老服务项目在列,总投资超 200 亿元。截至 2016 年 9 月,财政部和社会资本合作中心公布出来的养老 PPP 项目共 264 个。2016 年 6 月,南宁市民政局举行第二社会福利院 PPP 项目签约仪式,该项目是财政部 PPP 示范项目之一,也是广西首个大型养老服务 PPP 示范项目

在国家的扶持下，我国的养老事业在筹资模式方面取得了新的进展，其模式有两种：一是以发行股票来募集发展基金。例如，医药企业国泰股份宣布投入1000万元设立全资子公司布局养老产业。二是通过被收购方式获取资金。如2016年1月，亲和源部分股权被上市公司宜华健康收购，从而获得超过5亿元的大额资金支持；2016年5月，汇晨养老67.38%的股权被光大控股收购，获得大量资金。但这两种渠道，对于企业的门槛限制仍然较高。

国家开发银行作为中长期贷款的主力银行，在支持养老机构建设项目中进行了初步探索，对有政府信用的项目进行融资。如棚户区改造项目，涉及大量房屋拆迁，项目资金量大，国家开发银行主动介入，解决单靠财政资金实施困难的问题，通过与承接政府项目的实施主体签订借款合同，共同推进拆迁改造项目。

8.2 金融供给可能性分析

目前，养老服务体系金融供给存在的突出问题有四点。

一是资金缺乏、行业资金来源单一、资金有效供应严重短缺。

二是由于缺乏对中小企业的直接融资渠道，导致其在市场中的影响力不大。

三是金融产品种类太少，金融服务的品质较差，缺少适合老年人的理财产品和养老保险，产品的创新形态多于内容。

四是我国基本养老保障资金存在城乡、省际间差距较大的问题，也存在着较大的投资运营问题。

所以，在我国人口老龄化日益严重的今天，我们需要建立健全的财政支持制度，依据金融行业的特点、金融机构的职能和客观的经济环境，使金融供给得到充分的机会，既有市场的激励，也有政策的引导。

8.2.1 产融结合是金融的本原要求

金融服务于实体经济，既是生产性和融合性的表现，又是金融发展的本质需求，因此，不管是直接融资，还是间接融资，都要以"实体经济"为核心。由于人口老龄化问题日趋严重，老年人的养老需求也越来越大，但是，在我国的养老保障制度建设中，缺乏社会资本的投资，其融资渠道主要是由国家投资和私人投资组成的,这使得我国的养老服务业发展投资出现了巨大的缺口,导致我国的养老事业无法获得长期、稳定和充足的发展经费。目前,我国的养老资源投入的重点集中在养老院建设等社会公益事业上,而社会养老资源的有效供应却很少,也就是实际中的软弱、低质量的服务供给与老年人社会化养老服务刚性、多样化的服务需求严重不匹配,社会化养老服务供需矛盾日益突出。

目前,我国对养老服务系统建设的财政扶持还处在初级摸索阶段,资金来源中有相当一部分有意投资于养老服务业,但因为其具有微利性和福利性的特点,投资规模大、资金回收期长,存在较大风险,因此使得投资方在做进入养老服务行业的决定时更加慎重。而在我国的发展历程中,也有许多具有前景的发展计划因为缺少资本而陷入困境。总结起来,目前我国的养老服务业融资状况呈现出严重的供求失衡现象,整体上是"供不应求"。我国目前的养老资金配置,主要依赖于国家财政的支持,这已经成为制约我国社会保障制度和养老事业健康发展的重要因素。

8.2.2 "银发经济"持续增长可预期

"银发经济"是一个以老年人为主的经济领域。数据显示,截至2020年,我国的65岁及以上人数已达1.9亿(数据来源:《中国统计年鉴2021》),并且仍在不断增加。老年人在医疗保健、文化娱乐、地产方面、在旅游业方面,尤其是医疗、长期护理等方面的消费具有很高的发展空间。如果每人平均花费5万元,那么现在整个国家的消费潜能就会达到70万亿元以上,而且这种潜在的消费能力还会随着老年人群体的扩大而不断提高。在"银发经济"浪潮中,财政援助可以发挥两方面的功能:一方面,可以帮助发展老年服务业获取经济利益;另一方面,也可以为"银发企业"带来更多的利益。

在政策的推动和老年市场的巨大潜力双重因素刺激下,以银行为代表的金融服务机构开始设计研发并推出养老金融产品,但仍存在许多不足。

1. 缺乏市场细分

目前,从个人养老金融业务来看,各银行推出的产品集中在老年客户专属的借记卡和融合养老理念的理财产品,以及一些附属增值服务。一些商业银行虽已推出了融合养老理念的理财计划等金融产品,但产品同质化较严重,且往往只是标以"养老"的概念,而与养老的结合并不紧密。从产品类型看,银行发行的养老理财产品多以债券和货币市场为主,与其发行的日常货币债券类理财产品并无差异,收益率也基本在同一水平,并且多数养老理财产品的投资期限较短,与养老理财计划的长期性相违背。养老金融产品的市场仍有待进一步细分和挖掘。

2. 创新形式大于内容

目前,比较流行的"社区银行",从发展现状来看也只是借用了发达国家的概念进行营销而已,并且缺乏老年金融相关专业工作人员,市场调研、市场拓展、产品开发以及产品营销相关人才都比较短缺,现代商业银行社区金融服务专业人才队伍尚未真正建立起来,现有的从业人员服务意愿和职业操守还有待加强。

这些企业仍主要将"养老服务"停留在概念层面来进行运作,并没有对养老服务资本的实体化产生更多的实质性推动。老年人和养老企业需要的是财务服务,但是现在的金融服务缺乏多样性和可得性,金融机构需要做的是对"银发经济"进行全面的考察,对其巨大的消费潜力进行准确的评价,并对其所能产生的巨大的金融市场进行科学的分析和全面地挖掘,积极参与建立社会养老保险制度,充分利用不同的金融组织形式,在新的盈利增长点与企业的社会责任之间寻求平衡点,形成金融发展和社会养老服务体系构建的共赢局面。

8.2.3 政策推动多元投融资进入上升通道

从我国现有的养老保障制度的构建体系来看,我国的养老基金投资主体以国家财政为主,这说明我国养老机构与投资主体之间缺乏联系。在我国老龄化社会发展进程中,老龄人口的规模越来越大,其消费水平也越来越高,养老服务业对投资的需求也越来越大。目前,我国的养老保险基金还不能适应我国的发展。在今后的发展过程中,我国应该逐渐减少由国家投资的比重,让资金以市场化的方式参与进来。根据发达国家的成功实践,在发展初期由政府来提供资金,发展到一定的程度时,转而由国家来引导和扶持。在养老产业的筹资中,国家要充分利用自身的发展方向、创造政策、营造市场环境和市场监督等功能,鼓励和扶持具有雄厚实力、能聚集民间资金的金融和社会力量进行投资发展,形成多元化投融资模式,共同推动养老服务体系的可持续发展,合力应对人口老龄化。

当前,我国的养老保险制度对金融业的支撑效果还不明显,主要体现在两点。

1. 我国的金融市场尚不完善

中国现有的养老服务机构大多是中小型企业,它们还处在发展的早期阶段,实力较弱,投资回报周期和投资回报存在不确定因素,但其发展速度较快,本身的投资积累难以适应发展需要,因此,利用外部融资来促进其可持续发展已是必然的。而中国的直接融资市场,无论是主板、中小板还是创业板,都对企业的上市标准制定了较高的准入门槛。不仅如此,创业板还对上市企业的所属行业提出了较高要求。中国各类企业虽然数千万,但已经在证券交易所市场成功上市的企业也就约5000家。在直接融资体系中,中小企业的上市门槛仍然较高,竞争非常激烈。金融市场对养老产业的支持和培育,必须打破固有思路,从全新的视角审视养老行业所具有的潜力和养老服务企业所具备的潜质。

2. 银行贷款难

目前,养老服务企业最愿意和最依赖的融资手段仍然是银行贷款。这既有养老服务企业的规模和盈利情况目前难以通过证券市场融资的原因,也与银行长期以来形成的融资地位有关系。但由于现有的养老服务企业多是中小企业,甚至是小微企业,投资大、回收周期长、利润低、投资不确定性大等原因,加之政策层面缺乏有效的激励和引导,银行贷款意愿有限。现阶段,对养老服务的支持多以政策性银行为主,商业银行的作用有待进一步挖掘。

8.3 本章小结

本章综合分析,目前养老服务体系金融供给存在四个方面的突出问题。

(1)融资渠道不畅,产业融资途径单一,直接融资缺位,间接融资困难,有效供给严重不足。

(2)金融机构介入不足,发挥的作用不够,主要是政策性银行、商业性金融机构对企业的金融支持较为欠缺。

(3)金融产品单一,金融服务质量不高,缺乏真正意义上的适老金融产品,创新产品形式大于内容。

(4)基本养老保险基金缺口大,投资运作有待优化。

"银发经济"的潜力、政策导向、专业化金融服务的需要,进一步揭示了建立社会养老保险制度的财政供应存在着一定的可行性。通过主、客观努力,将供给可能转化为实际供给,有效对接养老金融需求,构建起完善的社会养老服务金融支持体系,这既是推动养老服务产业可持续发展的客观需要,也是推进金融业改革的必要抉择。

Chapter 9

第 9 章　金融市场支持养老服务业发展的实证研究

国内外有关老年问题的研究已有许多,国内的研究主要是针对养老保险与养老服务的模式,而国外的研究则主要聚焦政府与民间的力量来推动养老的发展模式、筹资方式以及政府主导的养老保障制度。然而,目前关于这一领域的研究比较片面和不成体系,有些研究者对自己的观点仅从一个理论性角度进行分析,存在着一定的偏差。因此,本章从建立我国的社会保障制度入手,利用实证调研中的微观资料,对其进行了较为全面的探讨。

近几年,由于金融体系的发展,股票、债券、基金等金融工具的发展速度越来越快。根据世界银行(2014)的一项研究结果,61%的被调查者将家庭获取基础财务服务视为重大问题。尹志超和吴雨(2015)认为,发展金融业是指扩大家庭的财务获取范围,增加家庭的财务能力。杜金富(2012)认为,由于各区域的金融发展程度的差别,目前我国的金融服务供给还存在一些问题。本章主要从金融知识水平、养老投资经验、金融服务可用性三个方面对养老服务业的影响因素进行探讨。

本章根据对我国养老企业征集的问卷,获取了养老机构的直接资料,并对其进行了分析,确保其正确性;利用 Probit 模式,对金融知识水平、投资经验、金融服务可用性等因素进行了实证研究。本章可以帮助我们更好地了解影响我国老年金融服务发展的各种因素,从而为我国的养老保险制度建设和完善提供一定的理论基础。

9.1　我国老年人金融服务需求分析的模型框架

在解决人口老龄化问题上,财政对老年保障制度起着至关重要的支撑作用。但是,很多因素会对老人的理财需求产生一定的影响。因此,在特定的研究中,不可能将各方面的因素都纳入其中,本研究仅仅选择了几个具有典型意义的要素。

根据对国内外有关文献和有关理论的分析,本章从宏观上对养老机构的服务水平进行了实证研究。通过对国外金融服务的实证分析,结合我国养老服务制度的构建,归纳影响养老服务的影响主要因素包括:老年人的金融知识水平、老年人的养老投资经验、金融服务可得性、家庭资产、家庭结构、人口统计、区域因素等。

9.1.1 我国老年人金融知识水平指标

政府、学术界和企业界对财务知识的关注日益增加,财务方面的知识对于家庭的财务决定起着举足轻重的作用。《经济学人》在 1992 年首次提出了财务认识的观念,他们把财务认识看作是对金钱的运用和经营,能够做出明智的、正确的决定。《财务学》中把财务划分为主观财务和客观财务。

贝克塔(2007)表明,如果民众不知道或者不熟悉财务商品,那么他们将不需要这些金融商品,而且财务方面的知识会极大地影响到人们使用财务服务。根据 2014 年世界银行的研究,78% 的人表示,缺少理财和服务方面的专业技能是阻碍他们获得财务商品的主要原因。

对于财务知识层次的度量,学界普遍认为,要判断个人是否理解,可从以下三项基本概念,即利率、通货膨胀、风险分散出发。

本研究采用"你对以下财务工具有多深的认识?"开展问卷调查,研究项目为股票、基金、债券、外汇产品、银行理财产品、储蓄存款、黄金和养老保险,认知标准分为"不了解、不太了解、有所了解、比较了解、非常了解"五个级别,每一个级别分值为 1—5 分,再将上述财务产品的分数累积起来,即为财务知识的客观程度,如表 9-1 所示。

表 9-1 我国老年人主观金融知识水平统计

项目	均值	标准差	不了解	不太了解	有所了解	比较了解	非常了解
股票	1.86	1.03	41.3%	36.7%	16.7%	5.1%	0.2%
基金	2.02	1.01	41.2%	34.9%	23.8%	4.3%	0.4%
债券	2.32	1.05	18.7%	43.5%	26.4%	9.2%	2.1%
外汇产品	1.29	0.92	73.4%	24.9%	1.7%	0.2%	0
银行理财产品	2.11	0.96	21.2%	57.2%	12.1%	8.1%	1.4%
储蓄存款	3.86	0.78	0.3%	14.0%	34.2%	38.1%	20.5%
黄金	1.34	0.95	67.2%	31.4%	1.2%	0.2%	0
养老保险	2.48	0.97	18.2%	28.8%	43.2%	7.9%	2.0%

从表格 9-2 中对老年人金融知识水平的分析可知,在调查中,平均分数在 24 以下的老年人所占比例为 92.56%,说明老年人的财务常识水平较低,与其他国家的调查结果相吻合。老年人对理财产品的认识与其在日常生活中的使用情况密切相关,而储蓄是他们较为熟知的理财工具,个人财务知识的认识程度会对个体财务活动产生一定的影响。

表 9-2　我国老年人金融知识水平得分统计

得分	8	9	10	11	12	13	14	15	16	17	18
频数	47	58	74	76	94	110	105	112	128	129	132
比率/(%)	2.60	3.21	4.10	4.20	5.20	6.08	5.80	6.20	7.08	7.13	7.30
得分	19	20	21	22	23	24	25	26	27	28	29
频数	152	150	117	69	67	54	47	25	23	16	11
比率/(%)	8.40	8.29	6.47	3.81	3.70	2.99	2.60	1.38	1.27	0.88	0.61
得分	30	31	32	33	34	35	36	37	38	39	40
频数	4	1	4	1	1	1	0	0	1	0	0
比率/(%)	0.22	0.06	0.22	0.06	0.06	0.06	0	0	0.06	0	0

从上述表格可以分析出我国老年群体的个人财务意识程度较差,对股票、基金、债券、银行理财产品、养老保险等理财产品的理解程度较低,对外汇产品及黄金价格的认知程度较低。

本研究从三个方面对我国老年人的财务知识进行了全面的评价。在调查的过程中,调查的设计和评分都要尽可能地符合现有的资料,以保证资料的可比度。这三个问题与利率、通货膨胀和风险分散有关。由表 9-3 可知,国内老年人对财务问题的答案不够准确,40.6%的老年人对利率的计算是对的,18.5%的老年人对通货膨胀的预测是对的。由表 9-4 可知,国内老年人的客观财务认识平均为0.8,占比最多的是 1 分,抽样比率为 41.9%。

表 9-3　我国老年人客观金融知识水平描述统计

项目	回答正确比率/(%)	错误比率/(%)	不知道或算不出来比率/(%)
利率计算	40.6	24.5	34.8
通货膨胀预期	18.5	22.4	58.9
风险分散计算	20.2	11.4	68.4

表 9-4　我国老年人客观金融知识水平计分统计分布

项目	0	1	2	3	总计
频数	737	758	254	60	1809
比率/(%)	40.7	41.9	14.0	3.3	100

9.1.2 我国老年人投资经验指标

投资经历主要是指投资人持有不同类型的金融资产和不同类型的投资组合的经历。本研究根据问卷中的"除了银行存款和贷款之外,你曾购买或使用过什么理财工具?"的调查结果,来评价我国老年人的投资经验。

从表 9-5 的描述统计可以看出,我国老年人的养老理财投资缺乏多样性,持有除银行存款、贷款外的金融资产种类平均为 1.21 种。

表 9-5 我国老年人投资经验指标描述统计

变量名	样本数	均值	标准差	最小值	最大值
投资金融资产种类	1809	1.21	0.320	0	5

9.1.3 我国老年人金融服务可得性指标

研究结果表明,老年群体对养老保险的评估与其理财需求之间存在较大的相关性,而理财产品的可获得程度则会对其理财意愿产生显著的影响。因此,我们用问卷调查的数据来衡量:"你觉得从银行取出钱是否便利?"和"你觉得在金融公司收取水电费、税款、罚款等是否便利?"

从表 9-6 中可以得知,老年人对金融机构提供的现金等其他日常活动的金融服务可得性的评价多为"方便获得"。

表 9-6 金融服务可得性指标描述统计

变量名	样本数	均值	标准差	最小值	最大值
提取现金服务	1809	0.80	0.399	0	1
其他日常服务	1809	0.852	0.376	0	1

9.1.4 我国老年人家庭资产指标

持续性的经济增长对居民的支出产生了一定的作用。老年人的财政需求和消费能力,是由其经济状况决定的,高收入人群能够更好地消费和理财。另外,高收入人群自身抗风险的能力也更高。因为如今诈骗犯罪行为多发,会对老年群体的理财需求产生一定的不利影响。

弗里德曼关于持续的收益假设认为,在较长时期内,消费者的花费依赖于持续的收益。我国的一些专家也从统计上确认了居民的消费行为是由持久收入决定的(李锐,项海容,2004)。本研究通过问卷收集了家庭成员每月稳定收入、家庭月收入、子女每月的抚恤金、每月生活支出、每月生活盈余、储蓄总额、家庭债务等信息,经过分析得出结论:经济收益是影响养老保险及理财产品需求量最直接且显著的变数。

9.1.5　被解释变量及其他控制变量

在研究金融知识、投资经验以及金融服务供给对老年金融服务的需求方面,我们选择了老年金融服务的需求。

有关的理论和文献数据显示,年龄对金融服务的要求有很大的影响。研究者认为,随着人们年纪的增长,金融市场的参与者数量在70岁这一阶段会出现明显的下降,他们对风险的规避程度较高,因而对财务决定也比较谨慎。调查对象的文化程度对金融市场的参与度具有明显的作用。本研究对老年人家庭资产特征变量、老年人家庭结构变量、老年人个人特征变量以及老年人居住区特征变量进行了研究,表9-7对变量进行了解释。

本研究考虑到各区域发展程度的差别,从而降低因缺失的变量而产生的估算偏差。在此基础上,引进了两个区段的虚拟变量——老年人供养比率和区域GDP,以得出平均GDP的对数,克服异方差的影响,从而提高测量的精度。

表9-7　变量定义

变量	变量解释
金融服务需求意愿	0＝无需求,1＝有需求
股票、基金、债券、银行理财产品、保险、外汇产品、住房反向抵押养老保险	0＝其他,1＝选择
年龄	1＝60—65岁,2＝66—70岁,3＝71—75岁,4＝76—80岁,5＝80岁以上
性别	0＝女性,1＝男性
受教育年限	小学以下、初中、高中及中专、大学本科、硕士及以上,我们将其折算为教育年限,依次为6、9、12、16、19及以上
婚姻状况	已婚且有配偶＝1,其他＝0
岗位职级	基层岗位＝1,中层岗位＝2,高层岗＝3

续表

变量	变量解释
风险态度	风险厌恶＝1,风险中性＝2,风险偏好＝3
需要的基本养老服务种类	分为1—10种,1＝只需要一种基本养老服务,10＝需要10种基本养老服务
养老投资理财期限	取值分别为0.5、1、2、3
养老服务购买力评价	0＝其他,1＝有能力
共居人	1＝无共居人,2＝夫妻,3＝子女,4＝保姆,5＝其他
家庭月收入	家庭月收入取对数
个人稳定月收入	个人稳定月收入取对数
从子女处获得赡养费	从子女处获得赡养费取对数
个人储蓄总额	个人储蓄总额取对数
家庭每月生活支出	家庭每月生活支出取对数
每月生活盈余	家庭每月盈余取对数
家庭负债情况	家庭负债取对数
住房情况	0＝没有独立产权,1＝有完全独立产权,2＝有共有产权
人均GDP	人均GDP取对数
老年抚养比	各区老年抚养比数值

9.2 调查方案设计

本研究以问卷的方式,对抽样区域内的老年人企业进行问卷调查,并通过这些问题的答案,来评估建立国家养老机构之资金需求意向及相关的金融支援因子。该研究的基本目标如下。

(1)掌握当前形势。采用问卷法,对我国老年人在财务和财务支持方面的实际需求进行分析。

(2)对其特征进行剖析。结果表明,60 岁及以上老年人的理财需求与理财产品的选择有着显著性差别。

(3)检验我国养老保险制度中的财政支撑产品的选取。通过对抽样区域老年群体的融资需求和金融支持产品的选择进行实证研究,采用统计学方法对其进行检验和总结。

(4)为建立健全我国养老保险制度提供资金支撑的途径提供参考。本研究为建立完善我国养老保险制度的财政支撑途径奠定了理论依据。

《养老保险需求量表》共分为六大类:一是老年人的主要资料,包括老年人的年龄、性别、婚姻状况,以及家庭每月的经济收入、消费水平、过去的工作、受过的教育等;二是老年人的需要和老年人的购买力;三是财务基础;四是对我国的养老资金管理模式的认知;五是对养老保险产品的需求意向;六是对我国目前的财务服务满意程度及对个人理财服务的需要。《养老机构财务服务需要调查表》分为两大类:一是关于公司的概况,包括公司的业务、规模、资金来源、资产和债务状况;二是对外部资金的需要。

9.3 数据来源

本研究主要研究对象是 60 岁及以上的老年人,根据 2015 年纯老年人家庭、60 岁以上老年人供养因子的数据,对全国部分省区展开问卷调查。本次问卷调查共有 2320 人参与,有效问卷 1809 份,有效率达 79.97%。

基于各省的家庭人口、60 岁及以上人口、受教育程度、人口供养因素的分配特点,本次调查的样本在不同地区中的随机取样率均比较满意(见表 9-8)。

表 9-8　2017 年我国老年人金融服务需求调查样本分布

调查地区	纯老年人家庭人口数量/万人、占总纯老年人家庭人口总数比重/(%)	60 岁以上老年人数量/万人、占总老年人口数比重/(%)	老年抚养系数/(60+)	有效样本数/人	占比
山东省	2.6、5.39	25.5、11.00	41.8	161	8.90%
河南省	3.8、7.88	37.6、12.00	41.9	198	10.95%
江苏省	6.1、12.66	47.6、15.19	29.2	169	9.34%

续表

调查地区	纯老年人家庭人口数量/万人、占总纯老年人家庭人口总数比重/(%)	60岁及以上老年人口数量/万人、占总老年人口数比重/(%)	老年抚养系数/(60+)	有效样本数/人	占比
广东省	8.8、18.26	54.3、17.33	41.8	205	11.33%
四川省	4.9、10.17	31.5、10.05	44.4	151	8.35%
河北省	2.7、5.60	10.4、3.32	43.4	97	5.36%
安徽省	2.1、4.36	13.1、4.18	31.8	109	6.03%
湖南省	3.7、7.68	16.8、5.36	31.1	118	6.52%
浙江省	2.8、5.81	16.3、5.20	34.8	116	6.41%
湖北省	0.6、1.24	11.9、3.80	29.7	67	3.70%
广西壮族自治区	1.4、2.90	13.1、4.18	29.3	74	4.09%
福建省	2.6、5.39	8.9、2.84	29.9	72	3.98%
江西省	1.7、3.53	5.8、1.85	30.0	69	3.81%
云南省	1.7、3.53	6.2、1.98	37.7	67	3.70%
陕西省	1、2.07	5.9、1.88	30.2	66	3.87%
辽宁省	1.7、3.53	8.7、2.78	31.9	70	3.87%
总计	48.2、100	313.3、100	35.7	1809	100%

9.4 数据描述统计分析

本研究通过对老年人进行问卷调查,剔除了不完整因素,得到1809份有效样本资料。

从表9-9可以看出,66%的受访者愿意接受金融服务。在婚姻方面,81%的老人已婚。调查对象中,老人的平均年龄在66—70岁,平均受教育年限是10.92年。在老人的家庭财产属性中,家庭月平均收入为7549.40元,个人稳定月收入为3707.92元,从子女处获得赡养费为363.71元,储蓄总额为62264.49元,每月生活支出为 887.12 元，每月的生活盈余平均为 520.56 元，家庭负债平均为 1799.92 元。

表 9-9 变量的描述性统计

	变量名	均值	标准差	最小值	最大值
被解释变量	金融服务需求意愿	0.66	0.014	0	1
人口统计特征变量	年龄	68	1.268	1	5
	性别:男性	0.47	0.499	0	1
	受教育年限	10.92	2.909	6	19
	婚姻状况:已婚	0.81	0.391	0	1
	岗位级别	1.36	0.732	1	3
	风险态度	1.33	0.387	1	3
	养老服务购买力评价	0.80	0.399	0	1
	养老投资理财期限	1.91	0.825	1	4
	需要的基本养老服务种类	3.44	2.307	0	9
家庭结构特征变量	共居人	1.13	0.715	0	4
家庭资产特征变量	家庭月收入	7549.40	150.55	2000	22500
	Ln家庭月总收入	8.73	0.65	5.30	10.02
	个人稳定月收入	3707.92	61.20	500	9500
	Ln个人稳定月收入	8.02	0.022	6.21	9.16
	从子女处获得赡养费	363.71	9.85	50	900
	Ln从子女处获得赡养费	8.02	0.022	2.94	9.16
	储蓄总额	62264.49	1345.74	4000	125000
	Ln储蓄总额	10.70	0.027	3.44	8.29
	每月生活支出	887.12	8.81	100	1100
	Ln每月生活支出	6.70	0.02	4.61	7.00
	每月生活盈余	520.56	303.29	0	750
	Ln每月生活盈余	5.26	2.45	0	6.62
	家庭负债	1799.92	270.85	0	60000
	Ln家庭负债	0.72	0.077	0	11
	住房情况	1.09	0.018	0	2

续表

变量名		均值	标准差	最小值	最大值
地区特征变量	老年抚养比	33.89	0.154	29.20	44.40
	Ln 地区人均 GDP	10.60	0.007	10.41	11.12

9.5 模型设定

本研究针对目前国内老年群体的融资需求和金融支持产品的选取问题，提出了基于二元变量的离散选取模式来解决这一问题。运用 Probit 回归模型，对金融知识水平、投资经验和金融服务提供程度对老年金融服务的需求和金融支持产品的选取进行了研究。模型设定为：

$$Y_i = \alpha + \beta_1 X_{1i} + \beta_2 X_{2i} + \varepsilon_i \tag{1}$$

$$Y_i = \begin{cases} 1, P_i^* > 0 \\ 0, P_i^* \leq 0 \end{cases} \tag{2}$$

其中，Y_i^* 是 0—1 虚拟变量。$Y_i^* = 1$ 表示老年人对金融服务有需求意愿，$Y_i^* = 0$ 表示没有；X_{1i} 代表金融知识水平、投资经验、金融服务可得性等核心解释变量；X_{2i} 是控制变量，包括样本老年人的家庭资产特征变量、家庭结构特征变量、人口统计特征变量和地区控制变量等；ε_i 表示随机误差项。

在老年人有了对理财服务的需求之后，该如何进行金融支持？研究从养老保险、基金等方面的金融支持产品的选取入手，重点探讨了我国老年人在养老保险、股票、基金等方面的融资支持，在债券、银行理财产品、外汇产品保险等财务支撑产品的选择。

Chapter 10

第 10 章 社会养老服务体系金融支持路径研究

在人口老龄化程度日趋严重的今天,我国的养老保险覆盖面不断拓宽,保障层次和国家补助标准不断提升,使得我国的财政压力加大,同时也导致了资金的短缺。另外,我国养老保险还存在着老年人的购买力较弱,对老年人的理财产品及理财知识认识不够,缺乏有效的营销推动力等问题。本章以中国养老保障制度建设为突破口,以居家养老、社区养老、机构养老三种方式为核心,以财政需求为基础,以弥补财政的不足为目标,对中国养老保险制度建设的财政支撑途径进行了研究。

10.1 与居家养老相适应的金融支持

就目前中国养老制度而言,单凭养老金收入,难以满足老年人的基本及更高生活需求,因此老年人对资产保值增值和增加收入来源的重视程度也日益增加。中国老年人对理财的要求越来越高,前面的实地调研资料显示,69.2%的老年人参加了养老保险,47.8%的老年人参加了证券、基金等交易,42.4%的老年人购买过商业保险,而从事外币产品投资的老年人占 5.6%,这反映出未来随着老年金融产品的不断丰富,以及老年人投资和理财观念的进一步发展,老年人金融市场发展潜力巨大。

10.1.1 创新适老理财产品

在国家积极推进养老服务体系顶层设计、积极扶持养老服务业发展的大环境下,各银行要充分发挥其功能和优势,提前谋划,加快构建金融服务保障体系,加强金融产品创新,为养老资产提供保值增值服务,探索"养老金融管家"服务模式,定期开展老年人的服务需求调查,并依据老年人个性化、多层次的服务需求意愿,设计老年人金融综合服务解决方案,为老年人提供专属的金融服务和金融产品,提高老年客户金融服务的适用性和便利性,引入"团购"类的个人养老金理财产品,以减少购买费用。

随着老年人的理财观念的转变和可支配收入增长,由商业银行主导的金融组织逐渐大力发展老年金融产品。但需要指出的是,目前面向老年人群体的理财产品仍然以相对稳定的国债和货币基金为主,品种相对单一,缺乏对老年人理财需求的细分市场。尽管从目前的金融发展状况来看,几乎任何一种投资形式都不会拒绝老年人的加入,但是还很少见到专门为老年人设计的理财产品和工具。在金融产品方面,目前我国的金融服务缺乏创新能力,缺乏适合老年人特征的专业服务。

1. 深化储蓄型理财产品

围绕老年人金融服务需求,进行市场细分,设计开发种类多样、层次多元的差异化储蓄型理财产品应是各金融机构的重要突破口。根据储蓄生命周期理论,老年人的绝对收入、相对收入和持久收入都会对理财产品有不同程度的影响,本研究的中国老年人金融服务需求意愿调查显示,老年人所在地区、受教育年限、家庭财富水平以及对金融知识水平、投资经验和金融服务可得性等均直接影响其对银行理财产品的需求和购买。影响因素的多元,为金融机构创新理财产品提供了多种可能,如何结合自身优势,根据老年人不同种类、不同层次的理财产品需求,设计开发出差异化产品,并通过加强宣传和优质的服务,成为有效供给,从而在老年金融市场中抢占先机,重要且必要。如可把银行储蓄业务与医疗保险相结合,研究开发满足老年人医疗需要的储蓄产品(医疗保单),也可将银行的储蓄业务与家庭财产的损失联系起来,存入一定期限、一定金额的存款,免费获得家庭财产意外险等。

2. 丰富稳健型理财产品

由于老年人对投资组合的收益构成知之甚少,在选择投资时,仅从投资的安全角度、收益角度来考量。

根据老年人群的金融特征,可以将其作为养老保险基金的主要目标。养老保险基金能够很好地适应老年人群的投资需要。基金是一种新型投资方式,集合投资、分散风险、专业理财等多种特性,为广大的中老年投资者提供了更多的投资途径。比如央行票据、银行大额存单、国债、股票回购等,这种理财产品的收益相对较低,但对老年人而言它的风险较小,是一种适合老年人的投资方式。

"银发经济"的发展,需要老年人、金融机构和国家三方面的力量。前文认为,目前的老年人难以从事多元化的理财业务,主要是因为他们缺乏对金融产品的了解,以及很少有针对他们的专业理财产品。应让老年人对理财产品的收入构成和有关专业问题有一个全面的了解,从而为金融机构在理财产品推广方面做好准备。

随着老年人可支配收入逐渐增加,特别是老年人对理财观念的改变,老年人对债券和基金等金融产品的持有比重逐渐增加。在中国的养老资金供应体制下,可以通过市场化的融资手段来弥补其不足,克服企业年金的缺陷,充分发展灵活性和自主性进行投资和开展金融业务，为老年人的退休金增加新的价值。

10.1.2　发展多样化商业养老健康保险

从国外养老服务的金融支持体系发展来看，保险公司一直是养老服务金融支持体系中的主力。目前，中国的保险公司主要提供以下几方面的保障和服务：一是补充基本医疗保险产品，该种产品缴费低、保障程度低，缺乏较大吸引力；二是基本医疗保障不报销的医疗费用，如城镇职工医保、居民医保高支付限额之上的医疗保险，基本医疗保障不报销的自费药品和诊疗项目等；三是团体补充医疗保险产品，该产品相对于个人健康保险而言，承保条件较宽松，保障程度较高，保险费率较低；四是其他健康保障支出，如疾病保险、护理保险等；五是健康管理服务项目，如健康咨询、评估等服务。

借鉴国外商业养老保险经验，结合中国老年人金融服务需求影响因素分析以及中国商业养老保险市场现状，支持保险公司开发多样化针对老年投保群体的商业养老保险产品，重点支持老年长期护理险及个税递延养老保险试点。

1. 老年长期护理保险

与发达国家相比，中国的长期照料保险业还处于萌芽状态。主要表现在险种开发晚、产品单一，与国际上保障范围广的老年长期照料保险产品相比仍有很大差距。限于中国传统家庭护理模式根深蒂固的观念，目前护理需求和护理供给之间发展不平衡使得老年人的健康问题日益显著，患有慢性疾病的老年人以及残疾人都需要长期照料保险，因此老年长期照料保险业的市场潜力巨大。

借鉴日本长期护理保险经验，中国已经开展了长期护理保险探索，启动政策性长期护理保险制度试点，在借鉴国外先进经验基础上，结合中国长期护理保险试点建设情况，应成立第三方评估机构，对长期照料服务机构的相关指标进行评价，加快培育和扶持长期照料机构发展，建立有效的长期护理保险制度和公共支持及监管系统，为构建完善的养老服务体系提供支持。

2. 个税递延养老保险

根据国外经验，中国在推行个税递延养老保险产品路径上，要注意以下几个问题。

（1）不断探索和完善个税递延养老保险制度，先推出一个试点，让投保人认识这个产品，了解这个产品，提高保险意识，然后再逐步修订政策。

（2）政策推行要针对潜在的各类不公平问题，探索实施定额限制和比率限制相结合的模式。通过双重限制,将老年人退休后的生活水平与养老保险税前扣除的额度的差距控制在一定范围内,也可采取对低收入者直接补贴的方式,鼓励其购买补充性的商业保险。

(3)发展养老保险机构,为多层次的养老需求提供多样化、个性化的养老保险产品。

10.1.3 探索养老金上市

2016年,中国银行、中国工商银行、交通银行、招商银行四家银行取得了退休金的托管资质,并完成了第一次基金管理人的资格申报。2017年,北京、上海、河南、湖北、广西、云南、陕西七个省(区、直辖市)和社会保障基金委员会签订了一项共385亿元的信托协议,目前已经有1380亿元资金到位并投入使用。退休金进入股市,以增加退休金的收益率,从而达到完善中国养老保障制度的目的。

养老金上市,需要政府加强对养老金融的引导与政策支持,发挥商业银行在养老服务产业的融资优势,优化养老基金投资运营,规范基本养老保险基金委托投资,持续强化对基金投资运营的监督管理。

10.1.4 政府信用推动住房反向抵押贷款

住房反向抵押贷款是一种新型的养老模式。由于房产作为财产具有保值性和相对稳定性,因此对于拥有房产的老年人来说,住房反向抵押贷款是一种较为安全的养老支持产品。住房反向抵押贷款为拥有不动产但没有足够的养老基金的老年人提供了一种获取养老金的方式,它可以利用闲置的资产来提高其养老金的收益,同时也解决了老年人想要居家养老的两大基本条件,有助于调动更多的养老基金来减轻社会的压力。在住房保障问题上,国外有很多可以参考的做法。但是,中国的国情和养老习俗与西方国家存在很大的不同,所以在当前的发展过程中,要注重"以屋养老"的本土性,要加强对政府的监督和对市场的规制。下面从住房保障实践和中国老年群体的融资需要特点出发,对中国养老保障制度建设具有一定参考价值的"以房养老"融资途径进行了探索。

1. 住房反向抵押贷款养老保险

住房反向抵押贷款,是指老年人将自己拥有的房屋产权抵押给金融机构,由受托金融机构在综合评估该房子的房屋现值、未来的增值折旧以及房主的年龄、预计寿命等情况后,将房主房屋的价值按月或按年以现金方式支付给房主,直到房主去世(见图 10-1)。

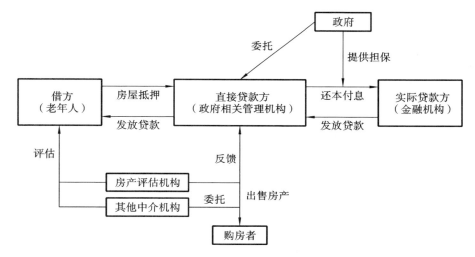

图 10-1 住房反向抵押贷款模式运作流程

1)住房反向抵押贷款养老保险的市场状况

由于许多老年人拥有完整的个人财产,且目前中国房地产的保值价值比较高,所以住房反向抵押贷款养老模式是很有必要的。我国财政政策和各种配套的体系逐步完善,为我国推行住房反向抵押贷款养老保险的立法工作奠定了基础。在未来一段时间,中国应该对有关法规进行更严格的规制,制订出相应的示范合同,设立专门的绿色通道,鼓励住房反向抵押贷款的改革。学历、职位等级、性别、所需的养老类型对老年人选择住房反向抵押贷款的方式具有明显的影响。另外,从家庭特点上看,家庭收入、每月从子女那里得到的赡养费、个人存款总额、拥有独立的房屋所有权等对于老年人对住房反向抵押贷款的选择也具有明显的积极影响。

2)住房反向抵押贷款养老保险的运行过程

住房反向抵押贷款养老保险业务的运行过程主要由政府发起宣传、提供咨询服务、提供保障、建立与老年人和保险商之间的沟通机制。在对老年人的服务需要进行详尽的调查后,保险公司将房子委托给房地产估价公司进行专业的估价,并在代理公司的协助下与房主签约。

签约房主得到了一笔钱,但是他的住所不会受到合约的约束。为了减少企业经营初期的净现金流量,需要设置一个控制点,从而减少企业经营中的潜在损失。例如,如果房子的到期价值小于贷款的全部金额,那么,由国家支付相应的补偿,从而推动该制度的早日实施(见图10-2)。

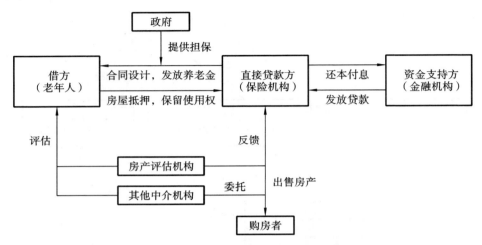

图 10-2　住房反向抵押贷款养老保险模式运作流程

　　尽管当前住房反向抵押贷款养老保险在我国的推广难度较大,但其发展潜力也很大。不过,未来的发展很大程度上取决于不断完善的商品和服务。住房反向抵押贷款养老保险产品实质上还是一种长期人寿保险,因此,应加强条款的透明度。另外,住房反向抵押贷款养老保险的应用范围很广,与未来的房价走势、金融环境、经济发展、法制建设等密切相关,而且还牵涉到老年人的传统养老理念的更新和改变,因此推行住房反向抵押贷款养老保险产品不能急于求成,它是一个长期的渐进过程。

2.售房养老模式
1)政府指定养老服务机构作为特定机构的模式
　　该模式的运作流程可设计为:由政府委任权威的养老机构(公立或私营)作为具体的执行机构,对老年人的财产进行管理,老年人将自己的住房产权及使用权利转移到老年人的居留场所,养老机构通过代理取得租赁收益,然后,他们会用自己的房子做抵押,用国家的资金做担保,从银行借钱,来支撑自己的生活。在房主去世后,养老院会把房屋卖掉,从而得到一笔钱来还清银行的借款和利率(见图10-3)。

2)政府委托相关管理机构作为特定机构的模式
　　此种经营模式的工作程序如图10-4所示。即由国家指定有关行政机关作为具体的代理单位,代理老年人经营物业,老年人将住房的产权和使用权利转移到有关部门。老年人通过委托租房公司来实现租房的收益,有关部门则以老年

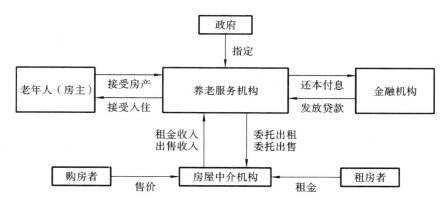

图 10-3 政府指定养老服务机构作为特定机构的售房养老模式

人的房屋做抵押物,并以国家信贷作担保,从银行取得信贷。有关部门为老年人提供退休金,为老年人提供一定的服务,有关主管部门在房主去世后将房屋变卖,从而得到用于还清银行借款的本钱及利息。

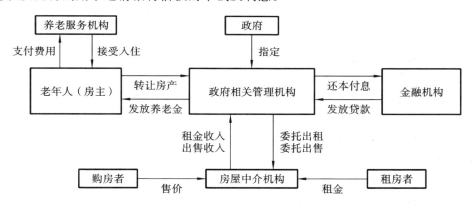

图 10-4 政府委托相关管理机构作为特定机构的售房养老模式

3.委托租赁模式

1)老年人委托养老服务机构帮助出租房产的模式

该模式的具体流程如图 10-5 所示。由国家指派有关金融平台为安居工程提供资金支持,在完成了对该计划的评价之后,由各银行提供资金,金融平台将其委托给工程公司进行投资,并将其作为自身的经营方式,也可以将其交给社会团体来经营。老年人将房屋租赁给老年公寓,通过委托租房公司进行租房,以租房所得的租金来支付其在养老院的住宿和照顾费用。而养老服务企业将运营所得的一部分交给金融平台进行贷款,以偿还其建设基金,该公司将用这笔收益来还给银行的借款本金及利息。当房主去世时,其子女将获得财产的继承权。

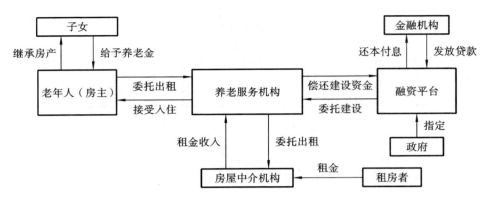

图 10-5　老年人委托养老服务机构帮助出租房产的委托租赁模式

2）老年人委托相关管理机构来帮助出租房产的模式

该模式的具体流程如图 10-6 所示。由国家指派有关金融平台为安居机构的建设提供资金支持，在完成了对该计划的评价之后，由各银行提供资金，金融平台将其委托给工程公司进行投资，并将其作为其自身的经营方式，也可以将其交给社会团体来经营，由有关部门负责对老年人的房屋进行经营和租赁。老年人将房屋租赁交给有关部门，后者则是通过委托房产中介公司进行租房，以退休金方式支付老年人在养老院的住宿和生活照料费用，老年人交了钱就可以到养老院居住。而养老机构将其运营所得的一部分收益用于偿还平台的建设，融资平台用这笔钱来支付银行的借款本金和利率，在房主去世后，其子女可以得到财产的继承权。因为有关的政府部门应该是非营利性的，所以它的管理、经营房能力得到了更多老年人的信赖。

3）老年人委托自己的子女来帮助租赁房产的模式

该模式的具体流程如图 10-7 所示。由国家指派有关金融平台为安居工程提供资金支持，在完成了对该计划的评价之后，由各银行提供资金。金融平台是指委托工程公司来建造老年人社区，并将其作为公共事业单位进行经营，将房屋租赁出去，或是委托子女将房屋出租，再将所得的租金转移到老年人身上，老年人交了钱就可以到养老院居住，而养老机构将其运营所得的一部分收益交给融资平台，用于偿还其建造费用，融资平台用这笔钱来支付银行的借款本金和利率，在房主去世后，其子女可以得到财产的继承权。这个模型是一种让老年人安心的方式，但是却要求其子女投入一些时间去经营房子。

委托租赁模式的养老服务机构尽管不一定是政府直接经营的，但是是政府建设和最终负责的，由于有政府做担保，所以更具公信力。

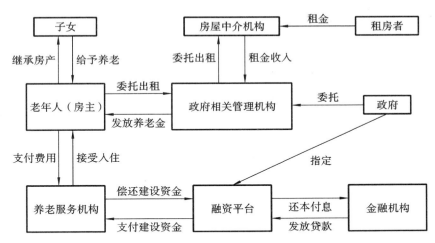

图 10-6　老年人委托相关管理机构来帮助出租房产的委托租赁模式

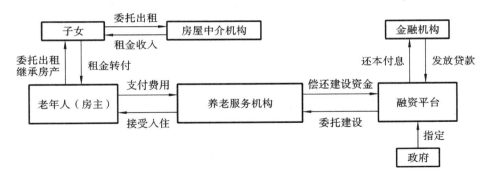

图 10-7　老年人委托自己的子女来帮助租赁房产的委托租赁模式

4. 以房养老未来发展建议

中国传统的养老理念,使得目前中国的住房制度只是一种"小众产品",类似于一种针对老年人的新型理财工具,无法真正地作为养老保障的主要内容。其经营过程较为烦琐、过程时间较长,涉及房地产、金融、财税等诸多领域。本研究在前文对中国老年群体的融资需要进行了实证研究的基础上,结合我国以房养老的需求意向的相关影响因子,对在中国开展以房养老的尝试方面给出了以下几点意见。

1) 完全自愿,尊重老年人的需要

老年人拥有房屋的所有权和出租房屋的出租权,不得任意更改,只有本人才能享有全部的权利。在住房养老的产品上,应充分考虑老年人的愿望。

2）挑选具有一定影响力的组织

无论在何种背景下，选择银行或保险公司，都需要全面地评价其运营和专业水平。另外，还需要考虑到寿命的因素，做好相应的预防和预测。

3）加强对国家的监督和引导

建立保障体系，制定保障消费者权益的相关法律法规，制定员工的资质体系，规范、完善工作程序，保障老年人在住房反向抵押贷款中的权利不被侵犯。

4）谨慎推进试验

应加强与地方政府的合作，加强对地方企业的保护，不应照搬外国的做法，避免出现水土不服的现象。通过试验，总结经验，优化产品的设计，完善过程，及时制定相应的经营措施，最后适当地扩大规模。

10.2 与社区养老相适应的金融支持

10.2.1 发展社区老年金融服务

在满足老年人基本的养老服务后，还应满足他们更多的个性化和深层次的需要，例如为老年人提供理财服务，实现资产增值保值，提高老年人生活品质。

本研究对中国老年群体对金融服务的需要进行了实证研究，发现金融服务的提供程度与老年人的理财需求意向和理财产品的选取具有极强的关联度。为此，金融企业必须坚持以"利民"为宗旨，利用信息技术，以"投资"为核心，开展"以人为本"的金融业务。

在社区养老中，老年人的财务管理应该包括以下三个层面。

（1）在大范围内全面展开，包含了社区金融机构的网点、各类自助设备、网上银行等现代化的硬件设施，改善财务服务手段。

（2）在微观层面体现出人性化的服务，为老年人提供高质量的服务。

（3）在养老机构的服务体系中引入财务业务。

总之，应该把老年人金融服务纳入社区的金融系统中，同时发挥政府、金融、社会三方面的功能，以老年人的需要为起点，以信息技术为依托，以金融支持为基础，健全社会养老保险金融支持体系。

10.2.2 探索养老社区金融支持

险资企业与房地产公司、养老机构等开展战略合作,将保险产品与居住权相结合,深度布局老龄房地产,这也是未来高端社区养老的发展趋势。保险公司在直接或间接投建养老社区的同时,还可以投资医院,或者通过战略合作,充分发挥其客户资源优势,将养老社区、养老医疗、养老保险三者有机结合,构建"社区＋医院＋保险"新模式。把健康医疗、养老保险、政府购买服务作为重要的业务板块,这一模式将加快中国养老服务体系建设,满足养老产业对资金长期稳定收益的需求。

目前,以泰康人寿为代表的部分保险公司已通过直接收购医院、自建康复医院、与医疗结构合作等方式,开始进军养老社区项目。

养老社区既符合中国以居家养老、社区养老为主的养老服务体系格局构建,也可以成为政府通过灵活运用土地政策,实现培育和扶持养老产业发展的重要途径。政府明确养老用地性质,约定回购养老基础设施的时间,将部分土地划拨给具有养老社区及基础设施开发建设资质的房地产企业或专业能力强的医疗机构,其只需缴纳少量费用便可获得土地开发权,并在项目建成后取得相应资金流,既节省了开发资金,提高了资金使用效率,也增强了信用能力,使其更容易从金融机构获得开发贷款,获得足够的后续项目开发资金。同时,该模式有利于养老基础设施项目的快速开发建设,扩大政府发展养老基础设施的规模。该路径的具体流程如图 10-8 所示。

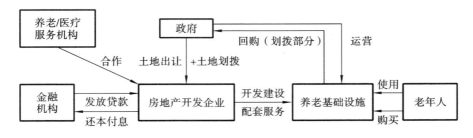

图 10-8 政府支持下养老地产项目金融支持路径

从供地模式来看,"养老用地＋X"模式更具吸引力,因其一方面解决了政府财政困境,另一方面也让企业看到了更多的盈利可能。如"旅居式养老"作为新生养老产业热点,将旅游、养生等业态融合,既满足老年人对旅游度假的需求,也能确保他们在此过程中的养护问题。

10.3　与机构养老相适应的金融支持

前文对我国养老服务业发展的现状进行了剖析,认为中国发展养老服务的私人资金来源狭窄,且整体投资规模较小。对中国的养老服务公司进行的调研和分析表明:超过50%的企业面临着融资困难,企业融资的方式以政府的财政投入为主,银行贷款、企业自身积累和捐赠次之。在筹资途径上,因养老服务公司规模较小、金融组织及资金市场存在较高的融资壁垒,以及我国对其金融的管制较为严厉,因此,在被访的公司中,接近90%的公司在近三年没有获得财务投入。

综合来看,中国的养老机构目前还处于基础建设的阶段,整体投入的规模还很小,其融资途径和模式相对单一,其资金的来源以国家财政资助为主,以市场为导向的筹资很难。所以,仍需要寻找一条符合中国国情的、以市场为导向的、符合我国国情的养老保险制度建设的道路。

10.3.1　政策性金融先行引路

开发性金融是带有政策性金融性质的典型代表,是政府通过银行为融资需求者提供中长期信用贷款,以达到满足产业资金需求的目的。同时,开发性金融区别于其他融资方式的重要方面,在于开发性金融是基于国家开发银行的业务产生和发展起来的,政府信用和市场业绩相结合是其根本特征。开发性金融以国家开发银行的业务为基础,在融资供给方面能够提供更多的资金支持。开发性金融兼具政策性和市场性的特征,使融资既能享受具有政策性融资所具有的政策优惠,同时也具有市场性融资资金供给较为丰富的特点。

中国人口老龄化问题日渐突出,无论是满足老年人的物质文化生活需求,还是解决目前家庭养老功能弱化与社会养老服务滞后的突出矛盾,都需大力发展养老服务产业。中国养老服务体系建设正面临融资瓶颈,普遍存在融资渠道不畅、资金来源匮乏等问题,产业发展的质量与速度受到严重制约。从产业特性来看,不少养老产业项目都具有超前性、社会性等公共产品属性,往往存在投入大、盈利周期长、沉淀成本高等问题,导致传统商业金融不愿深度介入。限制养老服务体系发展的一个重要的原因就是，养老服务体系缺乏充足的资金支持，使得养老服务业发展过程中资金短缺、融资不足。开发性金融作为弥补市场失灵、扶持产业发展的资金力量，将在养老服务业的发展过程中发挥重要的资金支持作用。

10.3.2 完善信贷支持

通过调研，我们发现在我国的养老机构中，银行信贷仍是我国养老机构主要依靠的金融工具。因此，国家相关政府部门应加大对金融机构的政策支持力度，采取金融支持、信贷支持等措施，引导金融机构按照客户的要求，向客户发放长期限、高额度、低利率的贷款，提供全面的信贷业务。对于没有足够的资本和偿付能力的养老院，应当放宽对其贷款的限制，并适当放宽其还款时间，实施优惠政策，提高对养老服务企业的贷款额度，建立健全的金融服务体系。

1. 完善养老机构信贷机制
(1) 拓展养老机构贷款抵押、质押方式。
(2) 制定适合养老机构特点的信贷政策。
(3) 创新承贷主体。
(4) 提升养老服务的信贷水平。
2. 养老机构具体贷款方式设计
(1) 养老机构可以抱团寻求银行贷款。
(2) 养老机构可以寻求集合担保贷款。养老机构可以联合起来，在政府以及担保机构的协助下，寻求集合担保贷款。

10.3.3 推进场外股权交易市场融资

养老服务业是资金驱动型产业，发展场外股权交易市场，从中获取支持无疑是获取资金的最佳路径。

1. 中国证券市场发展情况
中国资本市场还存在一些深层次问题和结构性矛盾，其中重要的一个方面就是资本市场的发展缺乏层次性，制约了市场功能的有效发挥。表10-1所示为2017—2021年证券市场概况统计表。

表 10-1 2017—2021 年证券市场概况统计表

	2021 年	2020 年	2019 年	2018 年	2017 年
境内上市公司数量(A、B 股)/家	4854	4782	4283	3796	3257
境内上市外资股公司数量(B 股)/家	182	171	134	128	121
境外上市公司数量(H 股)/家	384	371	325	284	216
股票总发行股本/万亿股	7.15	6.92	6.37	5.92	5.43
流通股本/万亿股	6.73	6.42	5.97	5.48	5.27
股票市价总值/万亿元	6.38	6.14	5.86	5.67	5.51
股票流通市值/万亿元	6.27	6.12	5.34	4.72	4.46
股票成交量/万亿股	22.81	21.64	20.47	19.63	18.95
股票成交金额/万亿元	342.52	314.68	291.56	273.54	268.62
上海平均市盈率/(%)	30.42	28.14	25.74	21.61	19.68
深圳平均市盈率/(%)	89.57	84.32	81.68	74.61	71.35
国债发行额/万亿元	7.83	7.26	6.84	6.27	5.86
证券投资基金支数/支	386	364	317	296	284
证券投资基金规模/万亿元	9.23	8.97	8.61	8.24	7.89
证券投资基金成交金额/万亿元	6.18	5.84	5.36	4.91	4.62
期货总成交量/万亿手	44.63	42.16	40.57	39.82	38.64
期货总成交额/万亿元	673.48	649.25	624.38	610.41	572.64

(数据来源:国家统计局。)

2.场外股权交易市场特点

表 10-2 为不同资本市场基本要求的简单对比。从表 10-2 可以看出,主板、创业板对企业定量指标明确,门槛较高,场外股权交易市场对企业多为定性描述,门槛较低;主板、创业板需券商保荐,费用较高,场外股权交易市场采取代办或推荐,费用较低;主板、创业板采取审核制,上市周期较长,场外股权交易市场采取备案制,挂牌周期较短;主板、创业板上市时就能募集资金,场外股权交易市场上市后通过定向增资方式募集资金。

表 10-2　主板(含中小板)、创业板、新三板和上海股权托管交易中心对比

	主板(含中小板)	创业板	新三板	上海股权托管交易中心
监管部门	中国证监会	中国证监会	中国证券业协会	上海金融服务办公室
上市周期	一年半至两年	一年半至两年	半年至一年	4—6个月
上市时的融资方式	IPO	IPO	存量股份转让	存量股份转让
股东人数	超过200人	超过200人	可以超过200人	不超过200人
企业范围	全国	全国	全国	区域
行业限制	无	自主创新能力、成长性的高科技企业	高新技术企业	无
推荐人	券商保荐	券商保荐	券商代办	券商、银行、投资机构推荐
盈利要求	①近3个会计年度净利润均为正数且累计超过3000万元；②近3个会计年度经营活动产生的现金流量净额累计超过5000万元，或者近3个会计年度营业收入累计超过3亿元；③近一期不存在未弥补亏损	①近2年连续盈利,近2年净利润累计不少于1000万元,且持续增长；②近1年盈利,且净利润不少于500万元,近1年营业收入不少于5000万元,近2年营业收入增长率均不低于30%。另要求发行人应当主要经营一种业务	有持续经营能力	业务基本独立,具有持续经营能力
主营业务	近3年内主营业务没有发生重大变化	发行人应当主营一种业务,且近2年内未发生变更	主营业务突出	无限制

续表

	主板(含中小板)	创业板	新三板	上海股权托管交易中心
存续期限要求	至少3年	至少2年	至少2年	无
公司治理结构	完善、健全的公司治理结构	至少1/3董事为独立董事	公司治理结构合理,运作规范	治理结构健全,运作规范

3.场外股权交易市场成功案例

荣成盛泉养老服务股份有限公司在2015年度实现了256.8万元的毛利润。一方面从传统的投行视角来分析,公司目前的同业竞争与关联交易较为突出,其业务规模与盈利水平偏弱,其可持续发展的实力尚未被证实,所以,在主板和创业板这样的资本市场中是不会存在的。但另一方面,公司与盛泉集团签订了《管理服务协议》,使公司在十年内实现了持续的经营和资金流动,为公司未来的发展奠定了良好的基础。

必须在发展的早期,通过引入外部资本的方式,为养老机构在发展过程中提供相应的金融支持。同时,要进一步推动我国的养老机构进入更高的资本市场,使其拥有更强的股本筹资功能,从而推动我国养老机构的发展。

10.3.4 发展中小企业私募债

债券融资和股票融资是企业直接融资的两种方式,由于股票融资门槛较高,广大养老服务企业在融资过程中要积极寻求合适的融资契机,以使企业的融资成本低、承担的风险小。目前,中国债券市场处在逐步规范与发展阶段,有条件的中小民营企业有望获准发行企业债券,广大养老机构应该以此为契机,积极创造条件,争取能够在债券市场获取资金,以弥补自身运营资金的不足。具体的运行模式要伺机而动,如规模较小的广大中小企业可以通过联合发债进入债券市场。

目前,中小企业债券只在上海证券交易所的固定收益证券综合电子平台和深圳证券交易所的综合协议交易平台交易,即所谓的场内交易市场。其实,债券既可以在交易所市场流动,也可以充分利用场外交易市场。债券的场外交易市场既可以是银行之间的债券市场,也可以是商业银行的柜台交易市场,还可以是拓展三板市场的中小企业私募债券的交易市场。养老机构多为小微企业,其私募债券在场外交易市场流动相对成本更低,更便利,对投资者的门槛更低。

发展中小企业私募债,应该引入多种增信方式,加强在选择企业、增强信用及投资者适当性管理方面的工作,一方面弥补债券市场制度空白,更好地服务实体经济,另一方面也为合格的投资者提供创新的投资渠道。综合来说,发行中小企业私募债是解决养老机构贷款难的有效途径。

10.3.5 支持建立养老产业基金

天弘在2012年11月发行了第一支"天弘健康养老"的私募基金,之后又有新银瑞信、大成、汇丰晋信等机构针对老年人的需要而设立了一支"寿命周期"的基金。由政府、金融机构和企业共同出资设立的养老产业投资基金,由专门的基金公司来进行经营和运营,在养老产业投资基金的发展过程中,充分发挥财政资金的导向作用和示范作用,继续加大对社会资金的投资力度,拓宽筹资途径。以养老服务行业为对象,以高质量、高收益、高附加值为目标,发行基金份额筹集资金,并提供合理回报,从而吸引各种投资者。此外,还可以利用社会捐赠资金、国家福利彩票基金、政策性银行低息信贷等方式来支持我国的养老服务业的发展。通过对具有较强投资潜力、发展潜力的对象进行投资,对其进行股权、债权等形式的投资,使其能够真正实现市场化的运作(见图10-9)。

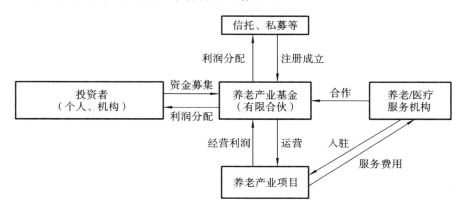

图10-9 养老产业基金运作具体流程

10.3.6 鼓励养老机构资产证券化

在解决资金短缺问题上,资产证券化具有举足轻重的地位,同时也是养老企业的主要投资和筹资途径。中国正大力发展多层次的证券交易市场,现已形成主板、创业板、中小企业板以及证券交易所共存的资本市场。资产证券化可以为养老服务企业提供资金,促进企业的发展。

资产证券化实质上是一项外在的筹资活动,各方当事人以不同形式的合同(如转让合同、担保合同或其他合法的合同),相互支持、制约、共同承担风险。我国的养老服务业要根据发展的不同时期,结合自身特征和需求,通过资产证券化来扩大资金的规模,从而提高市场竞争优势。

当前,我国的老年人群体主要集中在中小型企业,因此,中小板、三板是较为理想的选择,特别是三板市场入市的环境比较宽松,是以成立初期的公司为对象,以满足成立初期的养老基金的需求。公司在市场中经过发展,并已步入扩张阶段,符合二板市场上市的可转至二板市场上市。具备上市资格的企业可以转到创业板,否则,将逐步退出市场。当然,这些都是建立在健全资本市场上市、退市、转板制度和机制的基础之上的。三个层面的股票交易与养老服务业的各个发展阶段构成了一个完整的整体。三个层面上的股票市场之间存在着一种内部的阶梯形、互相依存、互相补充的关系,这也是与行业发展的基本法则相一致的,也是中国发展养老服务业的必然选择。

10.3.7 发展医养结合 PPP 金融支持模式

近年来,我国的保险业出现了以市场为导向的投资模式。在这一领域,保险公司具有独特的优越性,不仅拥有低成本的资金来源,而且具有良好的资金周期匹配能力,同时拥有丰富的投资和产品开发的经验。银行可以与保险企业进行密切的协作,积极跟踪大型险资的注资动态,并以担保、独立监督和基金账户等方式,保障养老事业的健康发展。

医养结合是一个具有很好发展前景的新路径,虽然当前在发展过程中遇到了很多困难,但是随着 PPP 等项目的逐渐实施,以及老年人对医养的现实需要不断增加,在通过对医疗养老保险制度的改革与完善,建立健全的投融资机制和行之有效的盈利方式后,医养结合在今后的发展中有着巨大的发展空间。根据当前医疗与健康管理的实际情况,本研究提出了以下几点对策:第一,建立一个健康、有序的医疗服务市场。从长期来看,积极发展医养结合行业,扩大创新社会资本办医养结合养老院的领域和内涵,对现有的税收、土地等配套进行适当的调节,为医疗服务市场的发展营造一个公正、规范的政策氛围。第二,从政策上明确医疗和养老保险的投融资体制,并给予相应的政策倾斜,在财政上给予专项扶持，并大力推动 PPP 的发展，要积极主动地引导社会资金参与医疗、养老等行业，并加强金融改革，给予医疗、养老保险的投资、贷款等方面的政策扶持，以建立健全医疗和养老服务体系。第三，探索设立与养老保险有关的风险资金，确定投融资主体，支持保险公司等金融组织参与养老保险行业的投融资，以提高银行及其他金融机构投资医养结合项目的积极性。

10.4 本章小结

前文对中国养老保险制度发展状况、外国的财政支持、中国的财政需求和财政供应等问题进行了探讨，为中国的养老保险制度金融支撑提供了理论依据。

金融支撑是以增加养老收益为目的，以住房养老、金融产品创新、发展多样化养老保障为核心，探讨退休金市场机制，激活老年人财产，提升其家庭消费水平，增强其抗风险的能力。针对社区养老的金融支持途径，可从改善其财务认知、便利其金融业务、提升其财务管理能力，让老年人学会运用各种不同的金融产品进行理财，提升个人的收益，支持老年人的再教育，使其有更多的选择。适合机构养老的财政扶持途径主要是政府扶持，以政策性财政为导向。同时，利用信贷、场外股权交易、中小企业私募债券等市场化融资手段进行融资，通过资产证券化、基金、医养结合 PPP 等多种金融手段，可以有效地提升我国的养老机构的融资规模、扩大资金来源、减轻财政负担，进而提升我国的养老保险供给能力和水平。

当前，中国建立社会保障制度的财政支撑途径仍处在初级的摸索中，需要政府、社会、市场、家庭、个体五方面的力量来支撑。多层次、多支柱的养老服务系统与金融市场需要互动发展、协调发展，养老服务业的发展需要金融的大力支持，养老产业的发展又会给金融创新与资本市场发展带来新的契机。中国今后要把养老和财政相融合，逐步形成包括基本养老保险、企业养老保险和商业养老保险制度，以银行贷款和多层次资本市场为基础的多层次、全方位、完善的养老保险融资支持系统。

Chapter 11

第 11 章　中国农村养老服务机构与金融支持

中国有14亿人口,其中约35%是农村人口,由于农村发展的特殊性,中国农村养老服务体系建设比城市相对滞后一些,以往的研究大部分是关于城市养老体系的建设,本书专列一章讨论农村养老机构与金融支持研究。

11.1 农村人口老龄化现状及面临的挑战

11.1.1 农村人口老龄化现状

表 11-1 是 2004—2014 年中国的人口总数、65 岁及以上老年人口总数、老年抚养比的统计数据(数据来源:国家统计局)。

表 11-1　2004—2014 年中国农村人口老龄化状况

年份	全国人口总数 /万人	65 岁及以上老年人口总数 /万人	老年抚养比/(%)
2004	129988	9857	10.7
2005	130756	10055	10.7
2006	131448	10419	11
2007	132129	10636	11.1
2008	132802	10956	11.3
2009	133450	11307	11.6
2010	134091	11894	11.9
2011	134916	12277	12.3
2012	135922	12777	12.7
2013	136726	13262	13.1
2014	137646	13902	13.7

从表 11-1 中可以清楚地看到,中国的老年人口仍然在持续增长,老龄化问题日益突出。

图 11-2 的曲线显示了 2004—2014 年中国 65 岁及以上人口的百分比变化趋势,可以清楚地看到,这一比率在持续增长,并且增长幅度在持续上升,这就说

明了中国老年人比例不但持续增长,而且老龄化的速率也在加速,这导致了中国日益严峻的人口老龄化问题。

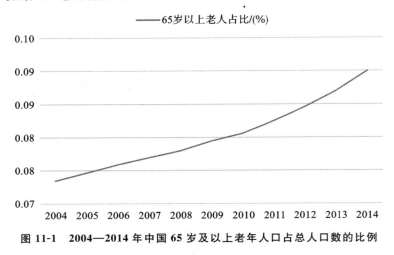

图 11-1　2004—2014 年中国 65 岁及以上老年人口占总人口数的比例

11.2　国外金融支持农村养老模式选择过程中的借鉴

11.2.1　国外农村养老问题现状

1. 德国乡村社会的养老状况

经过探索,德国的农民养老保险制度实施过三种模式。一是平等模式,即农民在退休之前缴纳一笔费用,待其退休之后,政府支付他们同等的一笔退休金。二是额外奖励模式,20 世纪 70 年代,农民的退休年龄从 65 岁提前到 55 岁,相当于农民提前放弃了土地生产,同时失去了生活收入来源,因此,政府会额外付给农民一笔养老金。这种模式仍然依赖于政府大量的财力投入,相对于第一种模式而言,政府的负担并未减轻。三是收入支付模式,20 世纪 90 年代,政府对于退休农民养老金的支付,是根据农民夫妻双方的收入决定的。由于收入是绝对数,所以需要支付的养老保险金也有固定的上限。此种模式有弊端,一是农民的家庭收入不好确定,二是丈夫死亡,其妻子仍然享受政府原本给她丈夫的福利待遇,造成政府的养老金支付成本并没有降低。

德国现行的农民养老保险模式是"付多少,用多少"的模式。即由年轻人出钱,老年人享用的一种方式。但是随着人口出生率的不断降低和老龄化趋势的增强,由年轻人提供的这笔资金已经不能满足老年人的需求,需要政府拿出一部分钱来弥补其差额。因此,这种模式已经成为一种不断消耗公共资源的模式,并且由于中央政府对这个模式的投入严重不足,大部分退休农民的利益没有得到保护。目前,德国仍在寻求一种更为合理的农民养老保险模式。

2. 日本乡村社会的养老状况

日本总务省公布的数据显示,日本 65 岁及以上老年人口数量达 3640 万,其在总人口中的占比达 29.1%,人口老龄化水平继续在全球高居榜首。

日本已形成由《国民年金法》《老年人保健法》《介护保险法》组成的社会保障体系。日本最基本的养老保险法案是《国民年金法》,日本也以此为基础推行人人年金,为未来退休后打下比较充分的经济基础。《老年人保健法》是日本进入老龄化社会后,使全国人民按照地域的差异,仍然享有良好的医疗卫生保健的保障。《介护保险法》中的内容体现在为老年人和患病人员进行必要的照顾。

同时,日本政府、金融机构、企业等机构也可以设立各种类型的机构,并针对老年人的不同需要,设立各种类型的商业性机构,以及各种公益机构。在日本,光是经营的养老院、福利院就有 2000 多所,为老年人的照顾提供更加完善和便利的条件。在日本,养老金也在资金中占有举足轻重的地位。数据显示,日本的退休基金,在 2014 年的时候,就占了全国股票的 25%,而日本的养老金,也是世界上最大的养老基金。如果养老保险基金可以为老年人提供更多的资金,那么老年人的生存品质就会得到改善。

日本的人口结构还在继续,养老金和养老体系在政府中占有很大的比例,而且老年人的医疗和生活费也会越来越高,给政府带来更大的压力。因此,日本现在正在进行相应的改革,在改善照顾品质和改善老年人的生命品质的前提下,减轻政府的财务开支负担。

11.2.2 国外农村养老模式对我国的启示

上述国家通过不断地摸索和实践,现已形成较为完善的老年保险制度,在改善老年人的生存品质方面有一定的效果。在许多地区,特别是日本,与中国非常相似,这些都是很有价值的,我们应该从这些方面吸收经验和吸取教训。

1. 以健全的法制为基本保证

从上述发达国家的养老体制来看,各国均有相关的养老保险制度支持,并通过多项立法予以保证。比如美国制定了《公平劳动标准法》和《全国劳工关系法》,在全国范围内都是通用的。德国作为全球最早建立社会保险体系的国家,从立法层面上制定了保护老年人权益的《老年和伤残保险法》。日本把立法视为安全的中心,针对全体民众提供多种体制和法律支持。

2. 政府发挥领导的角色

在养老保障上,各国的政府都有很高的补助,比如德国,政府提供70%的补助,这样可以使农业部门的收入达到合理的水平,同时也可以满足社会的需求,把一半的财政收入都花在农民身上,从而保证德国农村社会保障制度的健康运行。可以看出,政府对农村退休金的扶持很大,也在立法层面起到了引导的功能,为我国制定相关的法律、法规提供了制度保证。由于目前我国的人口老龄化问题日益严重,要想发展出一种新型的养老产业,就需要依靠政府的引导,既要给老年人提供巨额的补助,又要有相关的法律来保证。同时,还可以通过引导和带动民间资本投入到养老事业中来,从而使老年人的晚年生活得到改善,进而带动经济发展,形成一个良好的循环。

11.3 农村现有养老模式

1. 农村家庭养老模式

农村最为传统的养老模式就是家庭养老,以土地提供基本生活物质为基础,由家庭成员提供养老保障,主要包括物质保障和精神保障。在这种养老模式下,老年人可以从家庭成员、亲戚、邻居和朋友那里来获得他们必要的生活物资,供养主体的核心是老年人的子女。中国自古以来就注重养老观念的灌输,"百善孝为先",这些传统的养老观念对于年轻一代的影响是极深的,而人们也有"养儿防老"的观念,所以中国的养老观念成为一种精神纽带,联系着子女和父母,体现在子女孝顺父母天经地义,父母接受儿女照顾理所应当,这种家庭养老的模式也在中国延续了数千年。

中国的经济、社会的变迁,给传统的乡村养老生态带来了巨大的变化,其根源在于青年向城市的流动,人口的大规模流动造成了青年一代与留守老人之间的隔离,使留守老人无依无靠,生活得不到保障。现在,不少农村青年妇女也开始参与到流动人口中来,她们的走出必然会使留守老人的生活及养老受到影响。

一方面，青年劳力外出打工，可以让家庭有更多的经济收益，更易于在财务上自立。但是另一方面，随着父母年纪的增长，劳动能力逐渐下降，子女在外地生活，很难使他们的养老需要得到充分的保障。在此背景下，我国农村老人的养老支撑主体逐渐减弱，传统的家庭养老职能逐渐淡化。当前，我国农村老人的主要生活来源仍然是以家庭为主要支柱的，而个人的积蓄和退休后的劳务所得，可以补偿自身的养老金，并将其与家人的抚育资源相结合，使老年人的生活有所保障，能够得到更好的生活品质。

2. 农村社会的社会保障方式

在老年人照料方面，以社区为基础，以保障老年人的日常生活需求、改善其居住品质为目标，这一类的社区护理模式更多的是一种救助式的服务。由于社区工作的员工收入较少，或没有报酬，而且还得依赖国家的资金支持，因此，社区居民的照护服务的目标非常局限。在我国的乡村地区，近年来才出现了一些尝试性的发展，因为缺乏足够的经验，缺乏足够的财力，因此，在发展过程中，必然会产生一些弊端和问题。在我国，目前存在着财力不足、家庭养老职能薄弱的问题，要想适应我国农村社会发展的需要，就需要构建符合我国国情的新型养老模式。

我们可以尝试在农村构建一种新型的社区养老模式，它要兼顾中国的经济、社会现实和传统。把社区照料作为基本重心，把家庭照料当作是社区的基本服务，由国家给予相应的财政补助，民间和团体共同出资，拓宽筹资渠道，以社会保障基金为依托，通过市场化的经济运作方式，发展适合老年人的养老产品，通过健全社区职能，改善服务品质，并使其持续改进。

3. 农村社会保障体系的建立

我国新农保体系基本建成，到2014年，基本实现了城乡居民基本养老保险的全覆盖。例如，按月发放了一笔退休金，这一笔钱虽不多，但可以让老年人在晚年的时候，生活得到一些保障，促进社会和谐发展。由于新农村合作医疗刚刚开始实施，还有许多待进一步完善和提高的问题。

首先，我国的新农村养老保障体系还不完善，尽管已经出台了《国务院关于开展新型农村社会养老保险试点的指导意见》和《县级农村社会养老保险基本方案》等几个方面的基本意见，但还没有达到法律的高度，也没有形成相应的配套政策，导致了我国现行的地方立法的规范化程度下降。

其次，新农险的退休金数量很少，而且保障力度也很小，不可能从根源上解决人口老龄化的问题。劳动人口到了60岁，每月才能拿到很少的一笔退休金，但此时，劳动人口已经慢慢失去工作的能力，现在再用一份微薄的退休金来维持自己的生活,已经不太可能了。另外,中国的养老金增值手段也很简单,主要还是储蓄和债券等低风险的金融产品,随着近些年老年人口的不断增加,我国现有的养老资金还不能完全满足社会的需求。

中国人口老龄化程度高,在制定各项政策时要综合考量诸多方面,而构建完善的养老保险体系尚待探索,新农保的保险水平虽不高,却已在全国范围内实现了,而且取得了很大的进展,应当在以后的探索中继续向前,通过对其进行改进,增强其功能,使之成为以养老金为补充的新型社会养老方式。

11.4 金融支持养老保障模式构建的对策建议

要改善老年人的居住品质,必须要有配套的软硬件设施,硬件指的是乡村的经济基础,软件则是老年社群的创建。要发展老年服务业,以工业的视角来提升老年人的生存品质。在软件开发方面,政府和财政部门将起主导作用。

11.4.1 鼓励社会资金流入,发展养老服务产业

由于养老行业投资大,回收周期长,缺乏经验,投资的风险性很大,而社会资本必然是投资高收益行业,所以在养老领域,社会资本的投入不足,缺少相应的扶持力量。我国的养老服务业还处于一个相对薄弱的阶段,在我国的发展和城市化进程中,将会有很大的发展空间,这将是一个巨大的商机。

因此,政府要出台财政扶持政策,为金融机构的发展提供税收、补贴、政府购买、商业扶持等措施。在全国范围内,要大力发展民营资本、银行、信托、保险,通过加大对农村的基础设施的建设,促进乡村经济的发展。指导商业银行开展以乡村为重点的服务与投资,鼓励其开展金融创新,发展符合老年人特点的金融产品,给予贷款政策扶持,增加农村经济发展的融资渠道,为老年人提供高质量的理财产品。加强对理财产品的广告推广,培养老年人的理财观念,扩大银行的经营规模,为老年人带来更好的产品和更好的服务。指导保险业将保险基金投入养老领域,建立多层面的融资支撑体系。

积极引导民间力量组建专业化的家庭养老机构、家政公司等机构,为老年人提供专业化的上门服务,如在饮食、卫生、医疗等方面,为老年人提供优质的服

务。针对地域差异,设置多个业务网络,实现网络发展。在客户需要的基础上,推出个性化的、规范化的、多元化的养老服务,为社会的发展创造出更好、更方便、更具弹性的养老服务业。在为老年人提供各种类型的服务之外,还应吸引更多的社会资金进入老年教育、老年旅游和老年娱乐领域,开展老年公益活动,研发便携医学检验设备、食品药品、老年人辅助设备等,提供各种符合老年人需求的服务和产品。这样,既能增加自身的投资回报,又能改善老年人的生活品质。

11.4.2 信托业和保险业等金融机构加强金融支持力度

信托业和保险业,是所有经济活动中以营利性为目标的行业,聚集了大量的资本。而现在,在我国,养老服务业还处在初级发展的阶段,许多的服务业都是空白的,尽管在新兴行业中进行投资存在着巨大的风险,但要正确使用资金,控制资本运作,强化监督管理,使之更好地服务于养老行业。

1. 信托公司利用自己的优势来进行农村资源的运营

信贷者可以根据农村的实际情况,运用农村的资金进行具体的项目建设,使其能够与农村的发展相匹配,从而形成符合农村特色的工业链条。老年人将不动产交给受托人,受托人按其指令对不动产进行出租、出售或保管,并将其所得分派予特定的受益人。在农村,住房与土地是人们主要的财产,而在土地利用上,则更为自由,可以将土地的所有权委托给信贷者进行开发。信贷者可以充分发挥自身的作用,把土地按信托法的规定推进标准化开发,也就是把土地委托给专业机构来发展和使用,通过现代化养殖、现代化种植、农业科研平台、发展生物能源等方式,使这些行业形成一个完整的产业链,从而达到更好的利用效率。这样能提升农民的农业技术观念,提高他们的劳动效率,同时也能促进他们的就业,让他们能够更好地利用自己的土地获得更多的收益。

2. 保险业发展老年人保险产品,加大对老年人的投入

保险业也要积极参与到我国的养老事业中来,它的保障作用与我国的退休问题有着密切的联系。保险业要做的,就是扩大养老保险的研发力度,不断地创新针对老年人的保险。现在已经有好几种不同类型的保险,只不过它们的保险周期比较久、收益偏小、保险的覆盖面不够清晰,因此应当发展更为灵活、全面的保险产品。

此外,还要加大对老年人的关爱力度,加强老年人理财意识的培养,防范各种财务欺诈行为的发生。可以给老年人提供更多的理财教育,让他们将自己的钱用在自己的养老上,从而提升自己的生活品质。

11.4.3　政府加大财政支持力度,发挥引导作用

近年来,中国的发展一直比较迅速,但人口老龄化问题也非常明显,因此,国家要加大对老年服务业的投资力度。当前,我国政府在养老财政方面存在着许多问题:第一,政府补贴不足,比如新农合,60岁及以上的农民每个月领取的养老金不高,尽管现在的新型农民保险制度基本达到了全面的覆盖,但这种补贴的效果却非常有限;第二,城乡之间的资金扶持不平衡,我国东西部和边远地区在资金上仍存在较大差距,导致了农村社会保障的不平衡。因此,要根据农村的具体条件,加大对农民的社会保障,加大对低收入群体的扶持,改善目前的财政扶持不足的状况,让养老事业成为一种福利。

政府加大对养老事业的扶持,使社会资本流向老年服务业。当前,社会老年人服务制度尚不完善,经费投入较少,各种类型的私立机构数量较少,服务水平较差,因此,应鼓励社会团体、机构和个人加大投资力度,成立多元化的老年人服务机构。可以设立专门基金,设立福利型养老院,配备所需的硬件设施,再将其委托给社会上的专门组织或者公司来运营,给予企业运营补贴、改建补助等资金扶持,最大限度地发挥市场作用,推动我国的养老事业迅速发展,并产生一定的规模效益。通过税收减免等方式,可以激励更多的社会组织加入发展老年人事业中来。

同时,也要建立一个员工持证上岗的体系,目前的社会养老服务业的服务水准并不高,许多从业人员缺乏系统的训练,尤其是在农村地区,在社区内,因缺少服务者而采取互相支持的模式。老年人在日常饮食搭配、医疗保健等方面不能获得专门的医疗保健,其生存品质不能明显改善。因此,要对从业人员进行职业教育,传授其专业服务知识,以及家政服务、日常护理等方面的技能,这样不仅可以增加社会工作岗位,还可以为老年人提供专业服务,从而改善其生活品质。

11.4.4　拓宽农村养老基金投资渠道,使养老基金保值增值

在基金监管上,首先要完善法治建设,依法进行监管。将新社保基金交由政府专职部门进行经营管理,建立独立的基金账户,以防基金被挪用、占用或是贪污等违法现象的发生,确保养老基金做到专款专用。其次,政府可以设立一个由证监会人员、政法人员、财税人员和群众构成的监督管理委员会,监管会要做到公平、公正、公开,强化信息披露,由监管会负责监督新农合保险金的收缴、管理、

运营和支付。同时，政府要建立应急措施，在养老基金由于管理不善导致出现无法支付的情况时，采取相应的补救措施，弥补参保人员的损失，保证养老金及时、足额支付。

目前，我国养老保险基金是由各级社保部门进行管理运营，并且基金的运行机制不够透明，基金的管理和投资收益没有做到持续地公布，可能导致社保基金挪用的案件发生。按照规定，社保基金只能投资于银行和国债，但是在经济快速发展和市场通胀情况下，基金的这种投资方式就会面临运营效率低下，投资回报率低，基金价值贬值的风险。所以，应该改变目前的管理方式和投资渠道。

首先是将养老基金交由专业的投资机构进行运营管理，将政府和基金管理机构相分离，发挥市场机制的作用，进行多样化的投资，除了部分购买国债和储蓄保证基金安全外，选择一些投资收益好的项目。例如，通过信托机构进行专业投资，投资房地产、土地流转、公司经营等，以增加投资利润。通过投资机构进行入市交易投资，购买公司的股权，加强对公司的投入和运营支持，使公司增值而得到较高投资回报率。还可以由专业投资机构投资于其他各类债券、基金、期货、外汇等。通过这种多样化的投资方式，既可以分散投资风险，又可以相对地增加投资收益，达到基金保值增值的目的。增值的部分又可以补贴养老产业的建设，使农村能够拥有更多的养老机构和更全面的养老服务，也可以增加养老金的支付额，以提高老年人的生活水平，促进社会稳定，反过来也可促进经济健康持续发展。

11.5 本章小结

从中国的人口年龄构成来看，中国已经进入了很长时间的老龄社会，中国的人口数量庞大，而且还处在一个不断发展的过程中。我国现行的农村社会养老保障体系建设面临着诸多问题：一是我国现行的养老保险制度缺乏完善的保障机制；二是当前养老模式仍然以家庭为核心，逐步向个人方向发展，而以社区和团体形式为主的养老模式则比较少见；三是农村和农村之间的养老保险水平存在较大的差异；四是当前我国农村老年事业发展相对滞后，许多服务业尚处于空白状态，经济文化等方面有待发展；五是中国的银行业、保险业、信贷业等金融组织在农村地区的投入相对较小，而大部分的社会资本都集中在城镇的各种类型的养老服务业,在农村地区只占很小一部分。因此,中国要建立起一个完善的养老体系,任重而道远。

在建立我国的养老保险制度时,必须充分考虑我国的基本国情,并根据各区域的实际情况,积极学习国外较为完善的养老保险制度,从而形成适合本国国情的养老保险制度。首先要加速发展农村,让更多的社会资本投入到农村的发展中来。经济发展的程度,与老年人的生存品质息息相关,无论是年轻人还是老年人,都要增强自身的养老观念,做好老年心理的防范。信托、银行、保险等金融组织要加强金融支持,同时要制定相关的政策,给予金融组织更多的支持和更多的优惠,在立法上给予更多的保护。另外,还要加大对农民特别是老年人等贫困人口的补助力度,使国家的社会保障制度更加贴近民生。农民要结合自己的实际情况,合理地安排好自己的晚年生活。政府应加大对农村养老金的投入,提高其增值能力,以提高其对老年人的补助效果,并采取多种方式,建立完善的老年保障体系,全面提升老年人口的生存品质。

第 12 章 推进大健康产业圈层融合发展模式创新

根据养老服务业的行业特征和我国养老服务业发展现状与发展规划，笔者认为养老市场金融保险发展必须进行模式创新，养老服务业是大健康产业的一部分，不是孤立的，发展养老服务业，必须要依托大健康产业生态圈，必须动员全社会金融资源更好地对接产业需求，创建大健康金融保险发展的新模式。

大健康金融保险产业发展的新模式需要按照市场主导、政府引导的原则，以产业金融模式为核心，以金融资本为纽带，从全产业链和全要素的高度系统性重构大健康金融保险的供给模式，搭建一个平台（"产业+金融+科技"的产业金融平台）和一个生态圈（大健康产业生态圈），以圈层促进大健康要素的凝聚，同时推进养老服务业动能发展。

12.1 大健康产业特征与模式选择

12.1.1 我国大健康产业的集群特征

根据迈克尔·波特（2007）的产业集群理论，产业集群是指特定区域地理上众多具有交互关联性企业、专业化供应商、配套服务供应商、相关产业的厂商、提供支持的金融机构及其他相关机构组成的群体。

综合来看，产业集群主要有以下几点特征。

1. 空间集聚性

产业集群内的企业、政府以及配套的服务机构在空间上集聚，这是产业集群最直观的特征。空间上的集聚降低了企业的营运成本，有利于减少企业的交易费用，提高企业对集群的依存度，而企业节省出来的资金可以投入技术创新和产品研发中。企业的不断集聚还会增加市场参与者的数量，使得市场机制能够发挥作用，进而有效地改变地方的经营环境。

2. 生产和创新的专业化

产业集群实际上是以某种产品为主导的生产链，群内企业进行合作性竞争。在知识快速更新的背景下，企业想要完全依靠自己来实现创新变得十分困难，这不仅需要耗费大量的时间和人力成本，还要独自承担研发失败的风险，因此集群内的企业会进行合作分工，进行各自部分的技术创新，这提升了劳动分工的专业化程度以及企业的生产和创新效率。

3. 网络性

产业集群内的各个企业形成了相互交错的正式和非正式的合作关系。集群内,企业之间的伙伴关系使得企业的关系网络更加稳定,进而降低了企业之间的交易成本,企业可以将精力聚焦在核心产品的生产和创新上,有利于整个集群的发展。

4. 根植性

产业集群内部的企业依赖于特定的关联产业、接近的地理位置和共同的文化背景,集群内部的企业一旦离开了这些环境,就会无法生存。集群企业的活动要根植于集群的关系网络,以便集群企业之间形成良好的价值观和企业文化。不仅如此,企业产品从生产到销售的全过程都要依托于集群内的一个或多个企业,企业之间的合作也是一个重复的博弈过程,这使企业的迁移成本较高,可以有效地遏制机会主义。

5. 知识资源互补性

随着产业集群的发展,知识的作用会更加明显。随着知识更新速度的加快,企业改革的步伐也在加快,所以企业对人才和外部知识的依赖更大。但是企业创新的成本和风险很大,所以企业倾向于使用互补性的知识和技能。而置身于产业集群内的企业在这方面具有得天独厚的优势,可以通过互相学习,进行信息交流以及合作来实现知识和技术的快速升级,保持自身的行业地位。

12.1.2 大健康产业集群的金融供给模式选择

目前,支持大健康产业集群的金融服务依然存在不少短板。

(1) 融资以银行信贷为主,但其对大健康产业的认识和理解不够深入,产品创新能力和动力不足,在支持新兴大健康产业方面有天然缺陷。

(2) 融资对象锁定在"龙头企业"。目前,金融服务主要集中于国有大中型企业、重点项目,而活跃于产业集群的中小企业却很少被"惠顾",与中小企业所做的贡献相比,中小企业获得的金融资源是极度不平衡的。

(3) 金融服务同质化,不能匹配大健康产业中不同产业和产业发展不同阶段的需求。

(4) 融资服务锁定于传统金融,非银行金融机构发展滞后,不能充分有效地为产业集群的发展提供涵盖证券、保险、信托、租赁、资本运作和金融衍生品交易等全方位的现代金融服务,这与产业集群发展的趋势和要求不相称,从而影响了金融支持产业集群作用的发挥。

(5)证券类金融技术和产品也比较缺乏,虽然推出过中小企业集合债、中小企业短期融资券和小企业集合债券信托基金等新品种,但覆盖范围小,产品设计与运作模式也有待完善。

除金融之外,在财政方面,资金使用及管理分散,重点领域投入不足,缺乏稳定的投入支持机制;在税收方面,由于大健康产业具备人力资本、研发费用占比高、新技术新产品初期进入市场难度较大等特点,在税收政策上给予的优惠明显不足。

经过多年的发展,我国大健康产业已经具有明显的产业集群属性,对大健康产业发展的金融供给,应充分适应其产业集群的特征,采用产业金融的创新模式。总体来看,在产业集群背景下,金融支持大健康产业的形式可以从过去支持单一企业,转向对集群整体进行全方位支持,打通集群主体之间、集群内外之间的资金流通障碍,从而使整个集群的企业、科研机构以及其他主体得到更精准和更优质的金融服务,也就是用产业金融模式匹配大健康产业集群的发展。

12.1.3　产业金融模式的内涵与原理

产业金融模式是指在现代金融体系趋向综合化的过程中出现的依托并能够有效促进特定产业发展的金融活动的总称。产业金融是一个系统工程,是一个产业发展的金融整体解决方案。从资本的角度做产业,产业的财富放大效应会迅速增加,而金融只有与产业融合才能产生放大效用,产生较大价值。

产业金融模式本质上是由金融机构和非金融机构组成的金融服务生态圈,其服务对象由单一企业转变为链群企业,服务主体由银行转变为金融服务链,服务内容也由单一信贷转变为基于产业金融大产品平台的综合性服务。在产业金融活动中,除了产业链上的企业和银行之外,还有许多第三方机构,如物流监管商、交易平台、保险公司、担保公司、行业协会、评估公司、拍卖公司等。这些机构在产业链的不同环节发挥着各自的专业优势,与银行共同提供综合性服务。产业金融服务开发的核心是在信息整合和产品整合的基础上,不断改进运营,实现作业一体化和服务一体化,为链群企业提供高效服务,提高客户体验。对于大健康产业来说,产业金融模式还可以实现以线串点、以面带点,在产业关联中降低银企之间的信息不对称,在企业之间建立"信誉链",产生融资规模经济,因此具有特殊的融资优势。

12.1.4　产业金融模式在大健康产业集群的运用

在大健康产业集群的不同发展阶段、不同产业链环节、不同创新发展模式中，企业的融资需求不同，对应的金融供给也存在差异化。应促进大健康产业集群发展的多元化，建立良性金融机制和立体化产业金融供给模式。

1. 供应链金融

就目前来说，大健康产业金融的重点是开展应收账款类及担保类融资模式。

1）围绕大健康上下游产业链的融资模式

主要包括围绕大型大健康企业的上下游客户开展的供应链金融、贸易融资、票据贴现等业务，围绕中小型大健康企业之间合作开展仓单质押等业务。由于大型企业具有较高的信用等级，而其在产业集群中通过分工协作与许多中小型企业保持业务关系，在长期业务往来中，大型企业与中小型企业逐渐变得更加熟悉，并建立了可靠的信任关系，为此，金融机构应积极拓展由大型企业为担保的中小型大健康企业的信贷产品。银行依托产业集群形成的市场，不断扩大抵押物和质押物范围，能够较好地对大健康企业的库存材料进行估价，并通过与符合资质的物流公司进行合作，通过仓单质押形式发放贷款，当贷款出现风险时，能够在当地较快地对相关抵押物进行处置。

2）围绕产业集群中企业之间的互相担保融资模式

信息不对称是中小企业融资难的重要因素。另外，银行在与企业交往中，往往难以了解到企业的全面和真实的信息。而大健康产业集群中由于地缘的接近，使得企业的信息很容易在很短的时间内进行扩散，为银行了解企业经营和信用等各类信息提供良好环境。同时，集群中企业之间相互十分了解，对彼此的公司背景、企业信誉以及企业经营情况都比较熟悉，在思维和行为方式上具有较大的共同性。在此背景下，各银行机构围绕大健康产业集群形成了商圈、协会，开展企业互保贷款。互保贷款模式在操作上主要分为两类：一类是集群中各企业以自愿和互利的原则共同出资组建担保基金，通过将担保基金存入合作银行，为基金成员单位向银行融资提供担保，银行按照担保基金的一定放大比例发放贷款；另一类是大健康企业互保贷款模式，主要是通过企业之间互相担保，增加中小型大健康企业的授信额度，以此促使互保企业之间加强相互监督，相互制约，有效规避银行风险。

3）产业集群所在园区担保融资模式

由于大健康企业大都集聚在政府规划的产业园区内，集群产业对于产业园区的财政贡献巨大,并形成与产业园区休戚与共的利益共同体。地方政府为了引导银行资金支持大健康产业发展,由产业园区主导成立政策性担保公司,为大健康企业融资提供担保,即在出现企业违约时以担保资金偿还银行贷款,并对产业园区内企业的厂房进行处置。

2. 融资租赁

大健康产业的发展需要根据产业特征和企业不同发展时期的特点、要求,有针对性地研究开发贴近企业需求的金融新产品,发展贷款以外的其他授权授信业务,为大健康企业提供全方位、多层次的金融服务。就目前产业现状来说,针对大健康产业的特点,融资租赁也是比较成熟的金融支持模式。

随着人口老龄化加剧、人们健康意识的提高、精准医疗等技术的不断成熟,国内医疗健康产业迎来了黄金发展时期,高端医疗器械需求不断增长。当前,我国医疗产业发展尚不均衡,仍以医疗卫生服务为主,疗养服务、健康管理等服务未形成产业聚集效应,因此医疗产业的很多细分领域都可以与融资租赁相结合。目前,融资租赁企业的合作对象包括公私立医院、药厂、医疗服务商等,其中面向医院的设备融资租赁是当前行业最具规模化的业务模式。

大量医疗机构作为公立机构,难以在资本市场上发行股票或接受股权投资,而民营医疗机构发展正处于起步阶段,能在资本市场中发行股票的企业凤毛麟角。从融资规模上看,面对大健康产业的飞速发展,产业资金需求规模在快速扩大,然而受制于银行信贷规模的限制,整个大健康产业还需要其他非银行金融机构提供大量资金。而融资租赁和保付代理在非银行金融机构中具有显著的成本优势,因此融资租赁将是大健康产业融资的重要来源。

融资租赁是目前国际上较普遍和基本的非银行金融形式,也是集融资与融物、贸易与技术更新于一体的新型金融产业。由于其融资与融物相结合的特点,出现问题时租赁公司可以回收、处理租赁物,因而在办理融资时对企业资信和担保的要求不高,所以非常适合中小企业融资。融资租赁是现代化大生产条件下产生的实物信用与银行信用相结合的新型金融服务形式,是集金融、贸易、服务为一体的跨领域、跨部门的交叉行业。

与银行贷款相比,融资租赁能很好地匹配大健康产业的特征。融资租赁产品在融资额度、融资期限、还款方式、担保方式等多个方面都更为灵活,同时,融资租赁公司所覆盖的客户层级也更为多样化。

12.1.5 大健康金融"融合模式"落地的政策驱动

尽管目前各家金融机构都在不断寻求大健康产业金融服务模式创新,但总体来说,层次不高,结构不合理,效果不明显。为了推动大健康产业的发展,我国需要在大健康产业金融发展的机制建设和政策供给上有所创新和突破,构建"融合模式"。纵观国外发达国家产业金融的发展进程可以发现,产业金融的发展都是基于一个比较发达的金融市场之上,大健康产业也具有高投入、高风险和高收入的特征,尤其需要对接市场的发展。

1. 鼓励发展多层次大健康产业基金

产业基金作为连接投融资双方的桥梁,能够引导社会资本直接投资于实体经济,促进直接融资与间接融资的均衡发展。通过建立大健康产业投资基金,可以充分发挥基金的投融资功能,转变大健康企业的融资结构,利用基金的规模优势,将更多的社会闲散资金集中到大健康产业发展活动中,为发展潜力较大的中小型大健康企业提供融资新途径。而且,大健康产业投资基金能够为被投资企业提供专业化的经营管理服务,有助于企业构建新型经营模式,加速实现大健康企业经营的专业化,进而促进大健康企业又好又快地发展。大健康金融发展的"融合模式"的特色之一就是金融供给的政府导向。

发展大健康产业基金的具体举措有:①政府出资设立大健康产业引导基金,发展目前已经设立的大健康产业基金;②引导国家级产业基金和地方产业基金投资大健康产业;③通过财政、税收、土地等优惠措施鼓励设立大健康产业基金小镇,引导社会资本的专业化运作,形成大健康产业基金集群效应;④引进国际国内的专业化大健康产业基金公司或管理团队。

2. 积极推动大健康产业全面对接金融市场

大健康产业作为战略性新兴产业,是现代高新技术与传统产业、新兴产业有机耦合的产物,其发展亟需大量金融资本投入,而金融市场是大健康产业发展的重要载体,作为金融体系的子系统,它囊括 PE 市场、VC 市场、证券市场、场外交易市场等市场结构,其发展状况对大健康产业的扩张规模、发展质量和成长速度具有直接影响,大健康产业与金融市场的有机结合,不仅是促进大健康产业规模化、集聚化和高端化发展的重要条件,而且是金融市场可持续发展的本质要求。大健康金融发展的"融合模式"的特色之二就是金融供给的高度融合。

推动大健康产业对接金融市场的具体举措有:①加快大健康"独角兽"企业孵化与上市培育力度,设立大健康企业上市培育的专项机制和特殊鼓励政策;②利用财政手段鼓励大健康企业新三板和四板挂牌,鼓励大健康企业广泛利用海外金融市场;③呼吁和争取从国家层面设立面向大健康产业的上市绿色通道;④引导大健康企业充分利用债券市场,稳健扩大大健康企业的企业债、公司债、分离可转债、中期票据等发行规模;⑤提升市场中介机构服务大健康产业的专业能力,提升大健康产业运作的水平和层次。

3.通过外引内育,丰富大健康产业金融供给

如前所述,产业金融模式本质上是由金融机构和非金融机构组成的金融服务生态圈,是面向链群企业的综合金融服务。尽管我国金融资源丰富,金融机构众多,但仍是以银行为主,非银行金融机构相对较少。面对大健康产业发展的多层次金融需求,对接大健康产业发展的金融供给也应该多层次、充分发挥产业金融的作用。大健康金融发展的"融合模式"的特色之三就是金融供给的丰富性。

丰富大健康产业金融供给的具体举措有:①加大大健康专业服务金融机构的引进力度,特别是保险公司、融资租赁、商业保理等机构的引进;②鼓励存量金融机构面向大健康产业进行服务模式和机构的调整,建立大健康专业金融服务部门或分支机构;③鼓励金融机构进行大健康产业金融服务的协同和融合,建立大健康金融行业组织。

4.鼓励大健康金融产品和服务创新

新的产业导向,新的金融服务模式,需要新的产品和服务。如前所述,目前面向大健康产业的金融供给侧重于银行信贷,侧重于大中型龙头企业,产品和服务同质化严重,与产业集群发展的趋势和要求不相称,从而影响了金融支持作用的发挥。为此,我国需要鼓励和引导大健康金融产品和服务创新,使得金融供给跟上大健康产业大规模跨越式发展的需求。大健康金融发展的"融合模式"的特色之四就是金融供给的创新性。

鼓励大健康金融产品和服务创新的具体举措有:①引导金融机构开发面向大健康产业的差异化产品和服务;②建立和金融机构总部(主要是各大银行和保险公司)的战略合作机制,推动金融机构面向大健康产业的资源倾斜和针对性产品创新;③积极优化大健康产业金融创新的环境,鼓励创新性金融模式在大健康行业中进行运用。

12.2 大健康产业金融平台的构建

产业金融需要依托平台进行运作。平台的存在,有利于信息交互,有利于机构协同,有利于供需对接。大健康产业金融平台的建立,必须体现科技支撑的作用。互联网、云计算、人工智能等科技的快速发展,能够助推金融机构解决小微

企业金融服务中存在的信息不对称、交易成本高、场景服务不足及风控难等问题。推动小微金融重构，也有助于改造大健康金融模式。我国需要构建的是"产业＋金融＋科技"的大健康金融平台，充分发挥科技赋能、金融助推的作用。

12.2.1 "产业＋金融＋科技"大健康产业金融平台的内涵和意义

产融结合，产业为本，金融为用，产融一体化是必然趋势。产业是基础平台，金融起到催化剂和倍增剂的作用，金融与产业的良性互动，既可以促进产业的成长，也可以为金融找到新的增长点和价值点。加大金融支持，增加金融市场主体，积极创新融资模式，打造产业集群融资平台，对于大健康产业集群的发展具有深刻的现实意义。发展大健康金融，从宏观上要通过资金供给侧结构性改革，打通要素流动和再配置的通道，使生产要素从无效需求领域流向有效需求领域，从低端领域流向中高端领域，提高要素配置效率，促进金融性资金稳定地、持续地进入大健康产业。

"产业＋金融＋科技"大健康产业金融平台作为产业金融模式的自然演化，从产业中来，到金融中去，同时也颠覆了金融领域"基于金融而金融"的传统范式，兼具金融的爆发力和产业的持久性。以"产业＋金融＋科技"搭建大健康产业金融平台，利用互联网技术对于数据的收集分析处理能力，依靠数据的处理分析去建立和完善大健康企业的信用评价，并且依靠互联网，核心企业可以将交易数据实时上传，平台可以对数据实时分析，从而去预测和把控大健康企业的运营情况，当发现不对的苗头时便可进行处理。可以说，产业金融模式依靠互联网得到了完善。

"产业＋金融＋科技"对于大健康产业发展的意义重大，主要包括以下几点：一是通过电子化系统对接企业，增强信息透明度；二是规范业务操作，防范操作风险；三是明显提高业务处理效率，降低人工成本，改善小企业授信业务的成本效益曲线；四是实现业务的批量操作，实现规模效应。

12.2.2 以金融科技为支撑优化大健康产业金融平台的运行效率

金融科技展现的是"金融＋科技"的合力，通过利用各类科技手段创新传统金融行业所提供的产品和服务，提升效率并有效降低运营成本。根据金融稳定委员会（FSB）的定义，金融科技主要是指由大数据、区块链、云计算、人工智能等新兴前沿技术带动，对金融市场以及金融服务业务供给产生重大影响的新兴业务模式、新技术应用、新产品服务等。大健康产业客群广泛,金融需求多样,金融科技的运用可以助推大健康产业的发展。

在广大客户金融行为向线上迁移的大背景下,金融机构借助金融科技,可以实现从大健康小微企业中批量获客。移动端已经成为金融机构与客户互动的重要渠道,应探索"网点+银行 App 场景"获客新模式,让大健康小微企业因场景应用而自然地成为自己的客户;大力发展在线产业链金融业务,批量对接核心企业的上下游小微企业,嵌入整条产业链,增强客户黏性,有效做大客户群,提升资产收益。金融科技可以助推创新金融产品和服务模式、改善客户体验、降低交易成本、提高服务效率,同时有效地防范和把控金融风险。

以金融科技为依托,着力促进大健康产业各参与方互利共赢,目前主要形成了以下三种模式。

1. 线上线下联动的医疗健康资源整合模式

该模式以"平安好医生"为代表。中国平安通过线上"平安好医生"健康管理平台和线下"平安万家医疗"健康服务链,全面连接医院、诊所、医生、药店、体检中心等医疗服务机构,为用户提供一站式健康咨询和健康管理服务。截至 2018年底,"平安好医生"注册用户数达 2.65 亿,签约合作外部医生 5203 名,合作医院数超 3000 家,合作药店超 15000 家。

2. 互利共赢的健康管理互动模式

该模式以太平洋保险的"太保妙健康"移动健康管理服务平台为代表。2019年 4 月,太平洋医疗健康管理有限公司推出移动健康管理服务平台"太保妙健康",并发布了国内首个健康互动保险计划。"太保妙健康"凭借专业的数据采集、挖掘和运营能力,通过实时追踪、持续干预、服务引导和综合分析,既帮助客户养成了健康的生活方式(用户只要完成平台提供的健康互动保险计划,就会获得相应的激励),又为寿险企业实施更精准的产品定价提供了依据。此外,中国平安的"健行天下"Vitality 健康促进计划、众安保险的智能健康保险"步步保"等,也是保险企业利用科技手段探索互动型健康管理服务模式的积极尝试。

3. 互联互通的数据共享模式

实现医疗健康数据共享是构建大健康生态圈的关键环节。2016 年 10 月,平安健康险与南方医科大学深圳医院签署战略合作协议,其中明确在依法合规的前提下,共同推进数据集成分析和共享,探索建立先进的医疗风险管控体系。由于涉及客户隐私和数据安全等因素,加上医疗健康数据涉及医院、政府医保部门和健康管理服务机构等多方主体,寿险企业在推进医疗健康数据共享上还面临许多困难,目前行业从总体上说仍处于探索阶段。

12.2.3　以资本化为抓手建立大健康产业金融平台的动力机制

产业、金融和科技三者之间如何对接？大健康全要素如何整合？这都需要市场化的动力机制。金融的重要功能就是建立产业发展的激励机制。资本化是金融激励机制的核心，只有通过资本化，产业、金融和科技三者之间才能有效衔接，大健康要素的流动才能更通畅，大健康产业的超额回报才能得以实现。现代产业的跨越式发展离不开金融的激励，离不开资本化的改造。

大健康产业金融平台所依托的资本化及其动力机制的实现，具体表现为以下几点。

1. 资源的资本化

资源资本化是将自然状态的资源，特别是稀缺资源实现资本化，稀缺自然资源主要包括土地、矿产、生态、环境等，允许这些资源要素在合理的交易机制下进行转换和转移，实现资源市场化及优化配置。金融市场的功能就是对稀缺资源的配置，利用资本市场的高效率，对资源进行合理的分配利用，有利于资源的价值发现和价值最大化，有利于各重点产业的快速发展。

2. 资产的资本化

资产资本化是将资产视作可交易的商品，通过资产要素在市场上的交易、转换和转移，为企业带来资本增值效益。产业金融就是将企业资产放入金融市场，以资本的形式流动起来。资产在资本化了以后就会以各种形式向各种方向流动，追寻能够实现最大资本收益的主体，客观上促进了资源的有效配置。要提高效率，就要激励资产通过交易转移到能够创造较高价值的人那里，并通过公正的收益分配制度进行保障。资产资本化使资产从静态的实物化资产转变为动态、价值化的资本。资产资本化包括两个方面：一是企业的资金资产，二是实物资产。资金资产的资本化使得资金从沉淀状态脱离出来参与流动，资金只有在流动中才能增值；实物资产的资本化使得实物资产得以盘活，成为流动资产，从而在流动中获得增值。

3. 知识产权的资本化

知识产权主要包括专利（发明、适用新型、外观设计）、版权、商标、商业机密等各种所有权，通过市场机制实现知识产权的资本化。在企业的发展初期，由于缺乏资金，企业创始人往往会借助产权市场，将其知识产权作价入股，以获取外部资金。产权交易市场可以为科技成果融得技术产业化的资金，这种方式对于拥有科技成果的企业是非常有利的。技术产权交易市场丰富了资本市场的层次。这样,不仅能使技术交易从合同转让进入到资本市场,形成"双轮并进"格局,而且中小科技企业也能进行市场化融资,挖掘"第一桶金"。

4. 未来价值的资本化

未来价值的资本化,就是将在未来才能够实现的价值,包括稳定的现金流、预期收入、未来经营权等,使其提前实现交易,通过证券融资和债券融资等手段将其提前转化为资金资产。未来价值资本化的重心在于如何将具有前瞻性的未来价值合理地打造成交易商品,并在当下获得投资者或未来使用者的信任。

12.2.4 以健康大数据为重点夯实大健康产业金融平台的运行基础

"产业＋金融＋科技"模式的大健康产业金融平台要求共享数据服务。健康大数据的应用发展,将带来健康医疗模式的深刻变革,对疾病的预防、诊断、治疗及居民健康管理产生深刻影响,提升健康医疗服务的效率和质量,培育新业态和新经济增长点,推动医药、金融、物流、养老、保险、教育、健身等产能释放,带来健康产业加快升级。除前面提到的四个特色,大健康金融发展的"融合模式"的特色之五就是健康大数据基础。

金融要素整合面临的主要障碍是成本和风险,而导致成本和风险的关键因素是信息不对称。因为对大健康企业经营状况不了解或了解不充分,金融机构对其不敢贷、不敢投。健康大数据的建立,有助于解决大健康领域金融要素整合面临的信息不对称问题,缓解大健康企业尤其是小微型企业的融资困难。

数据孤岛是阻碍大数据发展的重要障碍。目前,健康大数据分散于各个市场主体,数据库系统一般不对外开放,只能自己使用,这就导致金融机构无法获取全面的健康大数据,对大健康企业的融资情况无法进行准确判断。此外,政府掌握的数据也很少对外开放,对数据的利用程度不高,因此,数据孤岛的现象导致金融机构很难准确判断出大健康企业的真实信用,严重阻碍了金融要素在大健康领域的聚集。将分散的健康大信息打通共享,才能形成相对完整的数据系统,打破数据孤岛的现象,避免数据资源的浪费,更好地服务于大健康企业融资。

大数据的作用在于帮助金融机构实现对大健康企业的动态监测。金融机构可以对大健康企业进行数据收集,包括电商、物流、水电煤气、税务、生产经营情况、关联公司情况、高级管理人员信用、过去银行流水单等海量级结构化和非结构化数据,通过对数据进行挖掘清洗,得出由金融机构确定好的分析指标,然后借助云计算,提高了数据迭代精度,可以为小微企业画像,评定客户等级,最后确定是否给予授信以及授信额度。这种流程是全线上的模式,在线办理,自动化操作,不仅可以解决信息不对称的问题,而且可以建立起对大健康企业的动态风险管理。

基于这种动态管理,面向大健康产业的金融服务在营销方面也可以实现精准化。根据大健康企业的金融需求特点,金融机构可以建立客户精准营销体系,提前判断出客户的爱好、兴趣、资金水平、购买力和购买欲望。根据精准的、不断迭代的算法得出客户需要的金融服务并且向其进行推荐,确保其在合理的渠道、合理的价格范围内获得金融服务。客户获得某项金融服务或产品之前须经过三个环节,首先是认识产品,其次是对产品产生兴趣,最后是付费购买。在认识产品时,客户一般都会在互联网进行关键词搜索,了解其基本属性、功能大小,再考虑是否需要购买。这个阶段就会产生一些搜索数据,可以初步判断出客户的兴趣爱好,加之金融机构本身就有客户的收入流水、资金信息等,然后结合客户的其他数据,金融机构完全可以利用人工智能计算出客户的金融需求,并提供精准服务。

12.2.5 "产业+金融+科技"模式大健康产业金融平台落地的政策驱动

1. 大力鼓励金融科技的发展及其在大健康产业的运用

近年来,以大数据、人工智能、云计算、区块链、智慧金融为核心的全球金融科技新兴技术在传统金融领域广泛应用,以迅猛发展的态势重塑金融业生态圈和产业链,已成为信息化时代背景下各国金融竞争和金融资源布局的新兴领域以及全球金融中心竞争的焦点之一。金融科技以其独特的技术支撑、经营模式和价值创造方式,影响着传统金融机构的理念、业务、架构和风险管控模式,逐步成为整个金融生态体系中不可忽视的力量。

促进金融科技在大健康金融领域的运用,需要坚持全链条推进金融科技产业发展,着力构建金融科技企业的培育、孵化与提升机制,挖掘、筛选潜力创新企业,全面推动产、学、研、用一体化,加快重大基础设施建设与平台要素聚集,打造并完善金融科技全链条生态系统。具体来说,需要探索智能便捷的金融科技服务模式,促使新型支付、保险模式更有效地融入医疗场景。应加快分期付款与医疗保险等金融服务创新,结合大数据、区块链等新技术,实现医疗保险自动核保、智能理赔,助力降低居民医疗成本、优化医疗资源配置;探索利用区块链等新技术,保证药品追溯数据的可信任性,改善医药行业协同效率;基于人工智能与生物识别技术,探索构建基于常见病诊疗指南的专家系统,完善居民日常的智慧健康服务;推动完善居民电子健康档案,有效分享医疗数据,防范医疗科研数据造假,加强处方药电子监管。

具体举措:①支持大健康金融相关金融科技底层关键技术研发、知识产权和标准创制,推进重大前沿原创技术成果转化和产业化,打造大健康金融科技前沿创新高地;②加大对大健康金融相关金融科技人才的吸引、培育和支持,研究设立政府与企业、科研院所、大学共同出资的配套支持资金,鼓励引进国内外金融科技领域顶尖人才;③鼓励金融机构和大健康企业运用金融科技创新大健康金融的产品和服务,拓宽大健康金融相关金融科技的运用场景;④建立大健康金融相关金融科技的孵化器,为金融科技的发展提供专业化服务和财政支持。

2. 积极推动大健康要素资本化的改造

如前所述,尽管大健康要素资本化的内容很多,但主要是要强调技术资本化和对接资本市场。技术资本化是指通过市场机制,使技术创新成果转化为资本,进而实现技术创新成果市场化的过程。技术资本化是科技成果转化的主要途径,是产、学、研、用有效结合的纽带,对大健康高新技术产业的发展产生巨大的推动和促进作用。技术资本化使大健康高新技术产业发展有了资本保障,有了充分利用存量资产进行虚拟生产的可能,产生了巨大的发展空间。对接资本市场可以实现未来价值的资本化,可以通过资本市场的定价和变现产生巨大的资本红利,从而推动大健康产业的要素凝聚和资源转化。

具体举措:①建立大健康产业技术转让、估价、质押等专业服务机构和平台;②设立专项科研计划,鼓励大健康技术的开发和转化;③加强大健康领域的资本化理念培育,引导大健康领域的企业家对接资本和资本市场。

3. 建立健康大数据共享开放及运营长效机制

政府探索确立健康大数据的数据采集、处理、共享、开放、应用及授权运营规则,稳步推动数据资源统一汇聚和集中向社会释放,促进全社会开发和利用健康大数据。政府推动相关园区或龙头企业组织成立数据运营机构,建设以健康大数据为核心资产、创新应用为驱动力的安全可控的运营平台。实现健康大数据跨区域、跨层级、跨部门、跨时间的互联互通、融合共享,实现数据"一处录入、多处利用",优化就医流程,提升群众就医体验。

在确保健康大数据收集环节的广泛多样、真实互联后,还要将采集数据标准和规范进行统一和完善,将大数据在技术和管理等方面进行规范化和标准化。在医疗结构层面,做好相关管理工作,各部门之间沟通顺畅,实现健康大数据及时、有效地共享。在政府层面,要制定配套制度并完善相关法律。可由政府主导梳理和建立健康数据目录,将大数据进行分级、分类、分地域、分专业的编制,并且将"互联网+"的概念引入健康大数据的体系内。在将横向大数据和关于个人的纵向大数据整合，进行针对居民的个性化医疗服务及针对医疗研究的横向大数据的应用，不断扩宽健康大数据的应用范围。

具体举措：①完善大数据发展协调机制，加强数据治理与个人信息安全维护，推进数据产业协同、基础设施建设、数据标准规范体系、数据共享机制等制度体系建设；②优化提升健康大数据的供给和共享能力；③引导医院、医保、保险等大健康主体的数据共享；④全面推动大数据技术的创新与应用，推动大数据技术在大健康金融各个领域的创新和应用。

12.3 大健康产业生态圈的构建

大健康产业的发展，要求整合大健康资源，推动医疗、医药、医保、涉及健康服务企业、大健康金融机构各主体联动，构建覆盖全生命周期的大健康产业生态圈。生态圈最初是生物学概念，其特点主要表现为竞争性、共生性与系统性。竞争性主要指处于同一生态位的个体间彼此存在竞争关系，此消彼长，优胜劣汰；共生性主要指生态圈个体之间不单单存在竞争关系，同样存在共生，即互相依赖的关系，若排除共生者，则另一方将无法生存；系统性指的是整个生态系统具备自维持、自调控能力，同时产生"1+1>2"的效果。

金融生态圈具有以下几个特点：①多方参与，跨界融合——共建特色服务场景，开放合作优势互补；②服务能力聚合——制定业务标准规范，打破渠道拓展外延；③自我升级——根据优胜劣汰法则，实现生态循环演进。

随着金融技术的推陈出新，产业链条不断完善，融入互联网要素，服务于各种商业场景，为客户提供各类增值性服务，保证金融生态圈中每一个参与者都能获得各自利益，实现了资金流、信息流、物流、商流的统一。寿险公司资金实力雄厚，上下游辐射广泛，在大健康产业链上处于核心地位，由寿险公司主导构建大健康产业金融生态圈是合适的选择。在大健康金融生态圈的构建中，以寿险为核心，这既是寿险业转型的需要，也是大健康产业发展的方向和未来。除前面提到的五个特色，大健康金融发展的"融合模式"的特色之六就是生态圈依托。

12.3.1 寿险业构建大健康产业生态圈的动因

除国家政策导向因素外，市场环境、客户需求、行业竞争等方面所呈现出的新发展趋向,也是推动寿险业加快构建大健康生态圈的重要动因。

1. 基础动因:市场环境出现新变化

互联网时代商业模式的变迁,是寿险业构建大健康生态圈的基础动因。在工业化时代,从产品研发设计到生产销售的过程是线性的,各个环节分工明确,职责明晰。进入互联网时代后,商业关系跳出传统线性的产业链范式,发展成为以客户为中心的互联协同的产业生态网络。各参与主体通过开放、共享、互利、合作等,共同创造和分享价值。寿险业作为产业生态网中的一个价值结点,开始嵌入更多的场景和生态,通过介入健康管理、医疗服务、康复护理等大健康产业链各环节,参与广阔的生态圈建设。

2. 直接动因:客户需求呈现新特征

互联网的快速普及,使客户消费习惯越来越多的从线下向线上线下相互融合转变,同时,开始要求寿险公司提供更多、更丰富的一站式、整合型、多元化服务,通过简单的产品交互,从极小的触点切入,获取一整套个性化的解决方案。这意味着保险的意义不再仅仅是事后补偿,还包括对事前、事中和事后进行健康管理、医疗救助、基因检测、法律咨询、资产管理等一系列管理的综合性服务。这构成了寿险企业构建大健康生态圈的直接动因,寿险公司的经营模式必须加快从简单的"产品销售—保险理赔"模式向覆盖健康管理全过程的服务管理模式转变。

3. 外部动因:行业竞争面临新挑战

互联网时代商业模式的变革与客户保险消费需求的升级,带来寿险业竞争格局的重大调整。寿险业竞争的重点,逐渐从渠道、产品等基于保险企业自身的竞争转向围绕大健康生态圈的竞争。行业竞争格局的变化,是寿险业构建大健康生态圈的外部动因。健康管理服务能力对寿险公司经营的作用日益凸显,主要表现在,通过有机结合寿险业务与健康管理,可以将业务范围从单纯的事后理赔转变为全过程的健康管理,这样既有利于加强对客户全生命周期风险的防范和管控,又能通过专业化的健康管理服务,提高寿险业务的盈利能力。

12.3.2 寿险业构建大健康生态圈的主要路径

1. 以健康保险产品为抓手,着力整合大健康产业各参与方

健康保险产品是寿险业介入大健康产业最直接的抓手。随着我国社会经济的发展和医疗保障体制改革的深化,健康保险经历了从最初的寿险附加险到人身保险主险和基本医疗保障的补充保险,再到健康服务产业支柱的演变。健康保险作为医疗费用的支付方,居于大健康产业链的核心位置,具有衔接上下游医疗健康服务资源的天然优势。近年来,许多寿险公司从健康保险产品入手,积极探索健康保险与健康管理相结合的商业发展模式,通过自建或与医疗健康服务机构合作,以"健康保险＋健康管理""健康保险＋医疗服务"等模式,积极延伸健康管理服务链条,参与甚至主导了健康产业的发展。如新华保险成立的新华健康管理中心,凭借"保险保障＋健康管理＋医疗服务"的核心优势,依托连锁化的健康管理机构,为客户提供全生命周期的健康管理服务;太保安联与"阿里健康"在医药零售、健康保险、健康管理、医保控费等领域开展的全面合作等。可以预见,未来加快向"健康保险＋健康管理＋医疗服务"三位一体的管理式医疗转变,将是寿险业的重要发展方向。

2. 以寿险资金为纽带,着力拓展大健康产业链

寿险资金是一种长期负债资金,具有负债性、稳定性、长期性、增值性的特点。从国际经验看,大健康产业通常资金需求量大,投资周期较长,与寿险资金的特征十分吻合。寿险公司运用寿险资金投资大健康产业,不仅可以缓解寿险资金"长短错配"的压力,降低资产负债久期不匹配的风险,而且向上可以衔接医疗、护理、养老等保险产品,向下可以带动老年医学、护理服务等产业,有效延伸和拓展健康产业链。

从寿险行业运作的实践看,寿险资金布局大健康产业主要有两种模式:一是重资产模式,二是轻资产模式。

重资产模式是指寿险公司开展经营活动的资产以自建或自购为主,健康管理服务获取的前提是获得不动产的使用权或产权。泰康保险可以说是该模式的代表企业。其于2010年成立的全资子公司泰康之家即为一家专业养老投资机构。截至2019年,"泰康之家"医养社区已经覆盖全国15个重点城市。客户购买与养老社区相衔接的"幸福有约"养老保险产品,在年老后可以入住养老社区,享受覆盖"预防—治疗—康复—长期护理"等环节的整合型医疗保险服务。

轻资产模式则可以进一步分为两种类型:第一种是寿险公司通过投资、并购、参股或战略合作等途径,介入大健康产业链。如2008年,平安集团通过旗下的平安信托与中山大学合资成立广州宜康医疗投资管理有限公司;2015年,中国人寿发起设立"国寿大健康股权投资基金",迄今已投资健康国际医疗、药明康德、迈瑞医疗、华大基因等境内外企业,涵盖医疗服务、医疗设备、生物制药、基因测序、社保信息化等健康管理服务领域。第二种是寿险公司通过收购或租赁现有物业,将其改造为健康养老服务设施并配套健康养老运营服务的模式。如2014年,太平洋人寿保险以重大股权投资方式设立太保养老投资公司,投入30亿元保险资金收购市中心旧物业并改建成养老社区,采用的就是轻资产运作模式。

相较而言，重资产模式投入大，盈利周期长，不易复制，但容易形成规模经济，可以快速拓展健康养老服务产业链，并与企业的保险业务形成战略协同，较适合大型金融保险集团。轻资产模式对大健康产业链的参与程度和整合力度均较小，但投入少，起步快，便于风险控制和复制推广，较适合中小寿险企业。不过，两种运营模式在实际运作中并不是截然分离的，许多初时采取重资产模式的寿险公司，在积累了足够的运营管理经验后，即转为采取对外输出运营模式、服务品牌、人才培训的轻资产运营方式。

12.3.3 大健康产业金融生态圈落地的政策举措

大健康产业金融生态圈是依附和服务于大健康产业链和产业集群的。近年来，在"健康中国"国家发展基本方略引领下，多省市正按照"一核一极多园"大健康产业空间布局思路，紧扣生物制药、医疗器械、健康养老等领域，研究制订大健康产业发展规划方案，出台支持大健康产业发展政策意见，打造集研发、孵化、生产、物流、生活于一体的大健康全产业链，打造生物医药及医疗器械世界级万亿产业集群。

为适应我国大健康产业生态圈的构建，金融生态圈也需要相应落地。我国需要坚持全链条推进大健康产业发展，以寿险为核心，着力构建大健康企业的培育、孵化与提升机制，挖掘筛选潜力创新企业，全面推动产、学、研、用一体化，加快重大基础设施建设与平台要素聚集，打造并完善大健康全链条生态圈。

具体举措：①鼓励建设寿险公司，扶植寿险公司的发展；②在大健康产业园等空间布局中充分考虑大健康金融的需求和配套，构建多元化、多层次、多渠道的大健康产业金融服务体系，同步建设大健康金融圈；③引导企业在大健康产业园或功能区聚集，着力培育和引入底层技术创新型标杆企业和领军企业，支持行业龙头企业和有潜力的初创企业发展，为其提供健康成长的金融生态环境；④支持高校院所加大大健康领域的基础研究投入，建设一批紧跟国际前沿、国内领先的跨学科大健康研究基地，全面强化大健康研究的理论支撑；⑤强化金融机构需求拉动，围绕大健康金融重点领域，整合行业资源，深入开展产、学、研、用协同创新，有效解决产业关键共性问题；⑥支持金融机构设立大健康产业孵化器、加速器、创客空间等平台，优化各类孵化载体功能，构建涵盖技术研发、企业孵化、产业化开发的全链条服务体系，促进大健康技术转移和成果转化；⑦积极探索与其他地区的协同布局与合作创新，以开放视角推动国内外的大健康金融资源交流与协同创新，引领国家大健康金融产业新生态建设。

Chapter 13

第 13 章　研究结论及建议

本研究根据实际状况，以期为我国今后的金融市场和养老产业发展提供财政扶持政策和建议，为中国建设具有自身特点的社会保障制度、促进我国养老服务业可持续发展提供有益的借鉴。

13.1 研究结论

通过前文各章的探讨，本研究可得出以下主要结论。

1. 我国社会养老保险制度融资与供应失衡，财政支持力度明显不够

通过对美国、英国、日本的养老、金融业态政策现状的梳理可知，这些国家已有较为完善的养老保险制度和较为完善的金融市场，在财政支助方面具有丰富的实践经验。在我国，目前对养老保险制度的财政援助尚处在初级阶段，其主要特点是：资金来源单一、直接资金、间接资金短缺，资金有效供应严重短缺；商业金融组织缺乏对养老服务企业的金融扶持，金融产品种类单一，金融服务品质差，缺少适合老年人的理财产品和养老保险，新的产品形态多于新的内容。所以，本研究对中国养老服务机构的融资需求进行深入的探讨，并根据其对金融服务的需求和对其所提供的金融支持途径进行探讨。我国"十四五"的发展战略目标是构建以家庭为主体、以社区为支撑、以机构为辅助的养老保障体系。所以，要建立相应的财政支撑制度，打通一条之有效的财政支撑途径。

2. 老年人对资金和服务的需求有多层次的影响因素和特征

研究发现，金融知识、投资经验、金融服务的可及性、金融服务的可用性、金融服务的风险意识等因素对中国的养老服务体系建设具有重要作用。金融知识水平低、投资经验不足、金融服务获取能力低、老年群体对金融风险的排斥心态等因素都是造成中国老年金融机构不愿意提供金融产品的主要因素。老年人的家庭收入、家庭净财富、教育年限等因素是调控因素，其风险态度和年龄对金融服务的需求有显著的相关性。在理财产品的选取上，个人财务知识水平对股票、基金、债券的主观认知有较大的作用，对银行理财产品、保险金融支持产品的选取具有积极意义，而对外币产品、住房反向抵押贷款养老保险的作用则不明显。提高老年人对股票、基金、债券的客观财务认识，对银行理财产品、保险金融支持产品、外汇产品、住房反向抵押贷款养老保险等理财产品的选择都会产生较大的积极作用。

老年人在选择股票、外汇产品和住房反向抵押贷款养老保险等理财产品时，其风险心态对基金、债券、银行理财产品及保险金融支持产品选择产生显著的负面效应。要把中国的实际情况和老年人、企业和机构的实际需要结合起来，才有可能开拓和开发中国养老服务市场的潜力。通过对老年人的需求调研，发现老年人更注重财务管理的安全性。老年人对不同的投资和金融手段的接纳程度相对较低，而存款利率高则可以保证老年人的存款安全性，所以老年人倾向于选择更加稳健的存款。研究结果表明，超过70%的老年人觉得现有的金融工具不能满足他们的期望，他们对银行存款、国债等具有较强的要求，同时也有20%以上的老年人选择了利率较高的证券。因此，银行、证券、基金等金融组织应该针对老年人的需要，积极发展相应的金融产品。

3. 将社区养老保险作为金融支撑的重点

问卷调查发现，老年人关心的是金融服务的便利性。今后要大力发展社区服务业，提供更多的优质服务是当前发展的主要方向。在满足我国老年人的养老需求的前提下，开展社区养老理财是非常必要的。证券、保险、银行、基金等不同类型的金融机构要结合各自的特征，充分利用各自的优势，针对不同层次、不同类型的老年理财需要，设计出符合养老需求并且收益长期稳定的差异化理财产品，支持老年人通过投资专项理财产品增加财产性收入，进而提高其养老保障能力。建立"银行网络+社区养老服务中心"，成立专门队伍开展老年理财业务，在分行设立专门机构，以提高适老金融服务的专业化程度，提高老年人金融服务便利性，提升老年人金融认知与评价，挖掘老年人潜在需求。要对经营场所进行适当的更新，增设无障碍设备，开设专用窗口服务，开通绿色服务，营造舒适便捷的服务氛围。同时，针对高龄顾客的需要，对手机银行业务进行优化。

4. 促进大健康产业圈层融合发展

根据养老服务业的行业特征和我国养老服务业发展现状与发展规划，我们认为养老市场金融保险发展必须进行模式创新。养老服务业是大健康产业的一部分，不是孤立的，发展养老服务业，必须要依托大健康产业生态圈，必须动员全社会金融资源更好地对接产业需求，创建大健康金融保险发展的新模式。大健康金融保险产业发展的新模式需要按照市场主导、政府引导的原则，以产业金融模式为核心，以金融资本为纽带，从全产业链和全要素的高度系统性重构大健康金融保险的供给模式，搭建一个平台（即"产业+金融+科技"的产业金融平台）和一个生态圈（即大健康产业生态圈），以圈层促大健康要素的凝聚，同时推进养老服务业动能发展。

13.2 对策

通过购买服务、股权合作等多种形式来促进各种社会组织的发展，扩大对老年人金融服务的供应。银行、证券、保险等行业积极提高对养老服务业的金融支持力度，以适应社会越来越多样化的老年人金融需求。强化金融支持养老服务业，既体现社会责任，也是金融创新的客观需要。在全面了解中国养老制度的特点和当前的发展需要的前提下，参考国外成熟的金融支持模式，为中国的养老服务业发展提供具体途径，在建立符合中国特点的养老服务制度基础上，引入更多的金融资金参与到养老机构的建设中来。在总结国外的成功经验和中国国情的基础上，探讨中国的养老保险制度融资途径应当考虑以下几个方面。

1. 强化政府的顶层设计，积极探索建立养老保险制度的融资途径

建立健全养老保险体制，创新财政扶持途径，涉及范围广泛，需要立足当前，着眼长远，加强规划，根据地区的具体情况，健全养老相关政策和制度，做到及时、科学、全面的保障。国外成功的实践证明，政府在构建养老保险制度的过程中起着举足轻重的作用，只有完善、科学的制度安排，才能保证其有效和持续进行。

以下是一些具体的提议。

1) 健全我国的老年保障制度和财政扶持的政策和举措

中国政府要加强对养老保险制度改革、医养融合、智能化养老等方面的协调和引导，确定未来发展目标和重点领域，通过发展养老地产、社会融资、税收减免、土地供应、水电气费减免等措施，完善社会老年保障体系。

（1）为金融机构实现其社会责任营造良好的政策氛围。建立一种由中央和各地政府拨付的财政专项资金，用以弥补因财政扶持社会保障制度而产生的呆账。健全企业社会责任体系和企业信息公开体系，对金融机构的社会责任进行激励，并制定相应的支持措施。例如，放宽金融服务的限制，对老年金融理财服务的收入进行税收优惠，对非营利性的老年金融服务提供相应的信贷支持，准予商业银行按个人信用额度向居家老人放款，按零售信贷计业务算风险权重，适当降低居家养老机构的贷款不良率。

（2）建立健康有序、公平竞争的市场环境。引导社会力量和民间资本以需求为导向，为社会各类老年群体提供多层次、多元化、优质、便捷、满意的服务，丰富

养老服务产品,满足人们的多样化需求。

2)调整政府养老资金投向,提高使用效率

(1)向社区和居家养老倾斜。建立符合社区和居家养老服务发展需要的公共财政投入增长机制,逐步实现资金投入与人口比例相协调。完善市、区财政体制,对现行资金渠道进行全面梳理和系统整合,支持发挥社区的主体责任,实现事权与财权相适应,逐步解决资金管理碎片化问题。

(2)向需方倾斜。当前的养老服务业政策主要以补供方为主,引导了一大批市场主体进来,但如果不及时刺激市场需求,将导致前期的产业投入低效率甚至浪费。因此,需要加大居家养老服务补贴,刺激潜在需求,引导消费,鼓励老年人进入养老服务市场,培育和开拓养老服务市场,增加市场第一动力。

(3)发挥政府资金的杠杆作用。建立统一、规范化的资金补助制度,探索利用养老服务投资引导基金等方式,将政府投资补助延伸至企业化养老服务机构中,充分发挥政府投资杠杆放大效应,引导多元化投资主体参与养老服务体系金融支持建设中。

(4)在符合投向要求、有效分散风险的前提下,推动基本养老保险基金、全国社会保险基金、企业年金基金、职业年金基金建设。委托市场化机构多渠道开展投资,实现资金保值增值,提升服务能力。依托养老金托管机构和基金管理机构,通过加强相关政策支持、监督管理、投资运营等方式,实现养老金的市场化运作,完善养老金三支柱体系协调发展。

3)在关键区域加强财政资助的试验和监管

政府要大力扶持家庭、社会养老服务,推动公立养老机构改革、医养结合,在智慧养老、住房反向抵押贷款(保险)等关键方面加强试验和改革。同时,加强对试点工作的跟踪,适时地对其进行总结、提炼,并逐渐普及。

在家庭和社会养老服务领域,鼓励各银行积极参加试点区域养老中心、养老驿站的运营,支持"互联网+"家庭养老,促进社区养老服务的多元化发展。在医养结合方面,建议在试点地区养老机构内设医疗机构、公立医院或增设康复、老年护理机构。在公办养老机构改革方面,建议支持品牌养老服务机构通过"公建民营"或"公办民营"等方式参与公办养老机构改革,为设施建设、适老龄化改造、后期运营提供资金,在推进住房反向抵押贷款(保险)等特殊金融产品时,建议立足区域实际和老年人实际需求,循序渐进,规范制度和流程,加强跟踪和监督。

2. 提高老年人金融服务有效需求,增强养老金融供给的原动力

通过对中国老年群体的融资需要和住房反向抵押贷款(保险)的需求进行相关实证研究,可知中国目前存在着大量的老年服务业的潜在需求,而实际的需求却相

对较少。有效的市场需求的缺乏会严重地制约着我国的养老服务业的发展。

老年人群的购买行为具有强烈的诱导性特征，在此基础上，通过对老年人群的问卷调查和数据的统计，本研究认为，通过互联网和传统的课堂教学，可以更好地了解老年人的财务状况。本研究从改善老年人的有效财政需要的视角，提出了以下几项具体建议。

1）增强老年群体对理财产品的认识和评估

从调研中可以发现，老年人缺乏对金融知识和金融工具的了解和信任，从而影响他们对金融的需要，特别是对住房反向抵押贷款的养老保险的认识不足，这与老年人的文化水平相关，短时间内较难改进。要改变目前我国老年金融服务的状况，必须结合老年人的实际需要，采取如讲座或通过电视、网络等形式开展金融产品宣讲，使老年人对金融知识有更充分的了解，让老年人充分了解、信任金融产品，提高金融服务需求水平，将潜在金融需求转化为有效需求。要强化对老年人消费行为的教育，维护老年人的合法权益，并大力推广新的金融服务。

2）根据老年人的需要，制定差别化的理财服务

针对当前我国银行业的养老保险业务存在的问题，提出了发展个性化养老保险产品的对策。支持房地产业、互联网企业等参与到老年产业中来，加强对老年群体的金融消费权利的保障。在养老房屋的抵押贷款领域，很多银行都在积极地进行"以房养老"的改革，在此基础上，结合国外的一些成熟的住房反向抵押贷款产品的设计，致力于开发一套"以房养老"的产品，以解决老年人的"租房养老""换房养老"和"房贷养老"的多元化需要。

3）多方合作，解决养老机构的资金难题

研究发现，目前我国的养老服务业存在着融资困难，尤其是中小企业的资金融通问题，必须从多方面入手，促进养老服务业的多元化发展，建立多元化的金融服务体系。证券、保险、银行、信托等金融组织，都有各自的特长，在前文的财务支援途径中已经有所论述，以下试从收益属性入手，根据不同情况，对企业的资金问题进行分析，并就如何解决资金的瓶颈问题进行探讨。

（1）经济型养老机构的筹资方式。

由于经济型社会保障体系缺乏运营的收益，所以需要政府引导，或者是政府的资金支持，或者是与私营部门的联合筹资。

① BT（构建传输）方式。所谓"建筑＋转包"，是指以民间资本为载体进行公共基础设施项目的一种筹资方式。它的最大优点是可以为工程的建设融资，减轻施工过程中的融资困难，同时也能有效地利用资本，使投资的风险得以分散。BT方式通常是以固定价格合约为基础，有效地限制项目的成本和时间，对

养老机构的成本进行有效管理。

②地块整合的发展方式。这是由国家和地产商共同出资的一种金融方式。在将国有土地出让给开发商的过程中,开发商要根据合同约定协助建设社会福利设施。其本质就是政府将原有可获得的较高的土地出让收入投入社会福利机构的建设中。

③政府抵押贷款方式。指政府将土地进行出让,然后通过招投标找到开发商,再由开发商向诸如国有发展银行等的政策性金融组织进行贷款,建成后再以抵押形式进行全额回购。

(2)营利性养老机构筹资方式研究。

以营利为目的的养老机构,如果管理得当,可以得到较好的运营收益。由于不同的营利组织在运营和收益上存在着差异,所以在筹资发展的道路上应采取不同的方法。

①对于大型社会养老机构,银行可以采用一人一组的形式,以按揭形式进行融资。

②对于中小型社会养老机构可利用"统借统还"的借贷渠道,通过银行、信托贷款等形式进行融资,为中小型企业融资。

(3)加强金融风险防范的认识,推进风险预防手段的改革。

在对社会退休金制度进行财政扶持的时候,要充分重视支持途径所带来的金融风险,增强对风险的防范能力,并对其进行切实的预防。针对目前我国老年服务业贷款能力差、专业性差、质押物种类单一、还款来源几乎完全依赖于项目本身的资金流动等问题,银行应当加强与政府行业主管部门在投融资政策制定和实施方面的合作交流,共同研究提出推动养老产业发展的政策和措施,探讨"养老资金＋金融投资公司＋大公司"的三方合作方式,支持高质量养老产业的发展。

13.3 建议

13.3.1 提升间接融资市场支持效率

1. 建立与养老服务业发展相适应的多层次银行体系

在我国现有的金融体制中,通过商业银行间接融资依然是主要方式,而在银行体系中,国有大型银行都有着天然的优势。国有大型银行集中了大批高质量的资源,削弱了其动力,降低了其效能,从而导致了对其养老服务的低效益。建议从以下方面进行改进。

1) 构建有利于中小企业发展的多层次商业体系

通过改革城镇商业银行和农村信用社的股权,改革其目前的管理体制,利用当地的人脉和地缘优势,降低融资的门槛和风险,针对高龄老人较多的乡村地区,可以通过建立村镇商业银行来更好地为本地的养老机构提供资金支撑。

2) 对政策性银行的责任进行动态调整

中国发展银行在发展养老服务领域起到了很大的推动作用,但其经营状况已发生变化,需要适当调整其功能和角色,向综合发展金融机构转型。通过这种方式的转型,可以对政策经营进行弥补。

2. 推动开发和改革银行信贷商品

促进我国的老年服务业迅速发展,需要庞大的贷款和金融服务。所以,在对银行进行自我改造的同时,应该更加注重在金融产品和金融服务方面的改革,积极改变金融机构的经营观念,加强金融机构的融资能力。

根据各机构的不同资金流动特征,制定多元化、个性化、合理化的财务支援计划。如对私营或商业开办的小规模、家庭式的养老院,可发放少量的抵押信贷,而对大型或连锁型的社会养老机构,可以持续发放政府补助贷款。建立与养老服务相关的信贷审批、评级和定价标准,并加强对专业技术人员的培训。

3. 为促进养老服务发展而强化保险改革

保险行业是我国社会保障体系中的一项主要内容,对促进我国养老服务事业的发展具有十分重要的作用。应鼓励中国的保险商积极利用其社会资源在养老服务领域进行深入的整合。保险基金具有投资周期长、成本低等优势,能够以多种方式如资产保障方案和保险理财产品,全面融入中国的养老项目。在建立多层面的医疗服务融合系统时,可以加大医疗保障基金的覆盖面。

各地可以根据当地的具体条件,进一步健全本地区的养老机构责任和老年人意外伤害险。同时,也应该对自己提供的养老保险产品与服务进行创新,以满足广大老年人的个性化、差异化的需要。有能力的单位可以设立职工的商业养老医疗保险制度,使其在社会养老保障系统中起到重要的支撑作用。

13.3.2 推动直接融资市场支撑作用

1. 改善企业融资的外部环境

财务状况是关系到公司发展的一个先决条件,其重要性是毋庸置疑的。应从建设高质量的金融投资环境入手。

（1）实施诚信建设，采取建立企业资信基本信息的方式，健全社会诚信制度，保障各类金融机构的合法权利。

（2）健全信贷担保制度，提高担保机构的担保能力，并对评估机构和担保机构的经营实施持续的计划性监管。

（3）健全有关的法律法规，提高公司抵御财务危机的能力，加强对金融机构的监督，严厉查处各类非法经营行为，为社会养老服务企业营造一个稳定的金融市场。

2. 加强对私人资金的扶持作用

民营企业在发展中的养老服务业，其投资方式是以政府和私营企业的形式进行投资，进而建立起多元化的投资和筹资体系。

1）对公私合作方式的合理取舍

在明确了政府与市场界限的前提下，可依据基础设施和服务类型，选择不同类型的公共和私营企业，进一步推动中国的老年服务事业的发展。

（1）居家养老服务等项目可采用服务外包模式。对于涉及居家养老服务、机构养老服务、社区养老服务等有关项目建设，政府可以采用公开招投标的方式择优选取有关机构，由专业化的机构来建设，以更好地保证同一区域内养老服务项目的配置效率。

（2）公办养老机构通过租赁经营等方式摆脱困境。目前，中国各地部分公立养老院存在较大的问题，可以将其出租，委托专门的公司来管理，由专业的公司承担一定的租金，以确保其服务的品质，更好地利用现有的公立养老服务设施。

（3）新建养老机构可选用特许经营模式。特许经营模式通过政府签发特许权协议，使个体投资者拥有从事经营某项公用事业产品或服务的权利，私人部门负责经营时需要的流动资金，在一段时间内开展经营活动，同时通过特定的合作机制与公共部门共同分担风险，并且共享项目收益。约定期内，项目的所有权或经营权归私人投资者所有，经营所获利益作为其偿还债务及投资回报的来源，约定到期后项目的所有权将重新交还于政府。中国的新型城镇和乡村老年公寓可以采用这种方式，即通过私人投资建立一个养老院，并约定一个特定的运营期限，到期后将其产权移交给国家，以有效地减轻短期内的财政负担。

2）建立和完善的支持体系

在保证工程安全的同时，构建一个合理的风险分担体系。在投资老年服务的工程中，由于存在着老年医疗纠纷、护理事故等多种风险因素，因此在投资之前，应对各项目进行评估，并将其在与政府合作的合同中详细说明。

只有建立健全的风险分担保障体系,才能更好地激发民营资金对养老服务行业的参与。要加强对养老服务的监管,确保其良性发展。民营企业以私营企业的形式参与到养老服务行业中来,必然要求政府对其进行领导和监管。政府有关单位要在项目策划、招标、维护关系上,对风险处理、方案修正等进行全过程监管,确保工程安全运行,吸引更多的社会资金参与到养老服务行业的发展中。

13.4 有待进一步研究的问题

本研究从理论上对中国养老制度金融支持的主要问题进行了探讨,并进行了数据的收集和实证分析,为中国的养老保险制度建设提供了资金支撑途径,从而实现了本研究所期望的目标。然而,受科研经费限制,本研究所选取的抽样指标较少,且不能完全采取访谈的方式,问卷的品质也不尽如人意,这对实证模型的选取和研究带来很大的局限性。

由于我国老年人对理财产品的要求比较复杂,因此,本研究仅从主要的几个方面进行了研究。另外,限于研究的局限性,不能对多个实证模型进行综合分析。笔者希望在本研究的基础上,后来者可以从下列几个角度进行改进。

1. 延展调查对象范围

在调查对象选择上,进一步放宽年龄,把中年人也作为分析主体,因为养老金融是一个长期的资源配置过程,应早规划,这样才能更准确地、客观地研究社会养老服务金融支持路径。针对老年人的调查方式采用访问形式,这样能更准确地了解信息,得到更精准的调查数据,进而完善老年人对金融服务需求的实证研究。

2. 加大调查抽样的力度,提升抽样的品质

因受时间、精力等因素的限制,本研究对老年人及养老机构进行问卷调研的样本数量不足。由于我国目前对老年人的金融服务需求的研究范围较窄,其研究结果存在着一些局限,所以在实施住房反向抵押贷款的过程中,必须进行大量的实地调研,了解其市场的规模以及老年人对保险费率、保险额度、保障范围的期待和需求。

3. 更加详细的重点支撑途径的分析与探讨

由于受工作经验和认识水平的限制,本研究并未对全部的金融支持途径进

行全面的剖析,仅就其内容进行了较为浅显的论述。例如:住房方向抵押贷款的养老产品的设计与优选,需要进一步的研究。

13.5 本章小结

随着中国经济和社会的不断发展,人口老龄化也在加快。由于养老服务具有福利性的特征,其最重要的经费来源是政府的财政投入。但是,随着中国快速的人口老龄化,我国的财政支出水平相对较低,为此,必须拓宽融资渠道,开展多样化融资,完善我国养老领域的金融服务。因此,对国内金融体系的发展进行系统性的研究,对于促进我国养老服务业的发展具有重要的理论意义和现实意义。本研究通过对中国养老服务行业的金融市场现状的分析,探讨了适合我国经济社会现阶段发展的中国模式。

1. 分析了中国养老服务机构的融资类型与现状

本研究首先从我国养老服务的特征入手,对金融市场支持的需求进行了剖析,然后对其进行了详细的分类,包括市场支持、间接融资市场支持和私人资金支持。同时,本研究还从理论上对金融市场在支持养老服务方面的作用机制进行了较为全面的探讨。

2. 构建了养老服务领域的金融支撑模式

通过对我国目前的发展状况和各种扶持方式进行了统计和分析,建立了我国养老服务行业的融资支持模式。研究采用相关的统计方法,选择特定的指数,建立了相应的模式,对中国的养老服务产业进行了研究。研究发现,中国的金融市场对养老服务的各种支撑因素总体上都有一定的推动效果。

3. 提出合理的意见

本研究从直接融资市场、间接融资市场以及私人资金的扶持等角度,提出了促进中国养老服务市场发展的对策。

参 考 文 献

[1] 中国老龄工作委员会.中国 2015 年老年人口信息和老龄事业发展状况报告[R].北京:中国老龄工作委员会办公室,2016.
[2] 国务院办公厅.国务院办公厅关于印发社会养老服务体系建设规划(2011—2015 年)的通知[G].国发办[2011]61 号.
[3] 盖英文,孙慧妍.开发性金融支持养老产业发展的实践分析[J].开发性金融研究,2016(1):83-87.
[4] 范子文.中国住房反向抵押贷款研究[M].北京:中国农业出版社,2011.
[5] 易善策,杨明辉.中国投资发展报告(2015)[M].北京:社会科学文献出版社,2015:239-264.
[6] 胡振.金融素养对城镇家庭金融资产选择的影响研究[D].北京:中国农业大学,2017.
[7] 陈秉正,高名,刘晓菲.住房反向抵押养老保险需求分析[J].保险研究,2015(5)121-128.
[8] 周煜.美国式"以房养老"制度模式及启示[J].山东财经大学学报,2014(4):96-102.
[9] 陈冬梅,陈之衡.商业保险介入养老产业模式研究[J].上海保险,2015(2):5-10.
[10] 易善策,杨明辉.2015 年养老产业发展趋势与投资机会分析[C].谢平,张志前.中国投资发展报告(2015).北京:社会科学文献出版社,2015:252-277.
[11] 张同功,董振兴.构建我国老龄产业金融支持体系的基本思路[J].老龄科学研究,2013(6):14-21.
[12] 吴玉韶,党俊武.中国老龄产业发展报告(2014)[M].北京:社会科学文献出版社,2014.
[13] 欧新煜,赵希男.保险公司投资养老社区的策略选择[J].保险研究,2013(1):119-127.
[14] 袁博.养老产业信贷融资定价研究[D].济南:山东大学,2016.
[15] 张昊.老龄化与金融结构演变[M].北京:中国经济出版社,2008.

[16] 许江萍,张东志.中国养老产业投资潜力与政策研究[M].北京:经济日报出版社,2016.

[17] 郭林,张亚飞.中国民间资本参与养老服务体系建设的变迁与评析[J].学术论坛,2014.

[18] 吴玉韶,王莉莉.中国养老机构发展研究报告[M].北京:华龄出版社,2015.

[19] 高见.老龄化、金融市场及其货币政策含义[M].北京:北京大学出版社,2010.

[20] 周娟.中国养老社区的服务、运营与培育研究[D].武汉:武汉大学,2011.

[21] 胡继晔.养老服务金融报告:跨行业的金融探索与创新[A].董克用等.中国养老金融发展报告(2016)[C].北京:社会科学文献出版社,2016:126-158.

[22] 褚凌川.养老产业金融报告:养老供给侧改革的新支点[A].董克用等.中国养老金融发展报告(2016)[C].北京:社会科学文献出版社,2016:159-185.

[23] 刘小菲,孙博.海外补充养老金投资的产品模式及借鉴[A].董克用等.中国养老金融发展报告(2016)[C].北京:社会科学文献出版社,2016:357-385.

[24] 陈俊.我国城市居家养老中的社区老年服务研究[D].河北:河北大学,2010.

[25] 杨蔚东.社区银行研究文集[M].北京:经济科学出版社,2006.

[26] 王爱俭.中国社区银行发展模式研究[M].北京:中国金融出版社,2006.

[27] 蒋三庚.我国特大城市金融业发展路径研究——基于服务经济的视角[J].人民论坛,2012(29).

[28] 蒋三庚.中国区域金融及发展研究[M].北京:经济科学出版社,2012.

[29] 周明明,冯喜良.北京养老产业发展报告(2015)[M].北京:社会科学文献出版社,2015.

[30] 郑秉文.中国养老金发展报告(2015)[M].北京:经济管理出版社,2016.

[31] 韦宇红.我国城市居家养老服务发展的金融支持路径探析[J].学术论坛,2012(8):132-136.

[32] 尹志超,吴雨,甘犁.金融可得性、金融市场参与和家庭资产选择[J].经济研究,2015(3):87-99.

[33] 尹志超,宋鹏,黄倩.信贷约束与家庭资产选择——基于中国家庭金融调

查数据的实证研究[J].投资研究,2015(1):4-24.

[34] 建投研究院.投资新视野Ⅱ:养老服务[M].北京:社会科学文献出版社,2016.

[35] 黄毓慧.金融知识水平和家庭财富关系研究[D].成都:西南交通大学,2014.

[36] 杜本峰,李一男.老年人消费与投资行为特征和金融产品创新——以北京市调查为例[J].经济问题探索,2007(3).

[37] 冯喜良,周明明.北京居家养老发展报告(2016)[M].北京:社会科学文献出版社,2016.

[38] 王士娟.大连老年金融实证研究[J].东北财经大学,2010.

[39] 陈立.中等收入阶层个人金融业务需求分析[D].南京理工大学,2008.

[40] 王淼.中国人口快速老龄化对经济发展的效应分析[J].经济问题,2007(10).

[41] 唐东波.人口老龄化与居民高储蓄——理论及中国的经验研究[J].金融论坛,2007(9).

[42] 游春.长期护理保险制度建设的国际经验及启示[J].海南金融,2010(7).

[43] 杜本峰.人口老龄化对金融市场的影响分析[J].经济问题,2007(6).

[44] 李瑾卓.我国住房反向抵押贷款定价模式研究[J].西北农林科技大学,2010.

[45] 郭安.关于社区服务的涵义、功能和现有问题及对策[J].中国劳动关系学院学报,2011(4).

[46] 王超.老龄化与商业银行零售业务研究[J].武汉职业技术学院学报,2008(1).

[47] 王晓楠.济南市实行以房养老的可行性研究[J].山东大学,2009.

[48] 李珍.社会保障理论(第二版)[M].中国劳动社会保障出版社,2007.

[49] 刘云佳.养老金融亟待破冰[N].中国房地产报,2010-06-14(15).

[50] 沈晓凯.以房养老模式在中国的可行性研究[D].山西财经大学,2010.

[51] 彼得 S. 罗斯,西尔维娅 C. 赫金斯.商业银行管理(原书第 8 版)[M].北京:机械工业出版社,2012.

[52] 王树新.北京人口老龄化与养老[M].北京:中国人口出版社,2008.

[53] 章晓赘,杨培源.城市居家养老评估指标体系的探索[M].上海:百家出版社,2007.

[54] 金凤伟.金融发展进程中的养老基金与经济增长研究[D].辽宁大

学,2012.
- [55] 李宁.人口老龄化背景下我国老龄产业现状与对策研究[J].中国商界,2009(5).
- [56] 李鸿雁,王超.人口老龄化对金融业的影响分析[J].学理论,2008(18).
- [57] 段远翔.社区居民金融知识读本[M].北京:经济科学出版社,2012.
- [58] 陈昱阳.中国农村老龄人口经济供养与福利制度研究[D].西南财经大学,2011.
- [59] 邓松涛.社区金融大有可为[J].中国城市金融,2009(3).
- [60] 成其谦.投资项目评价(第三版)[M].北京:中国人民大学出版社,2011.
- [61] 温森特·伯贝斯基.社区银行战略[M].北京:中国金融出版社,2012.
- [62] 杨春华.城市社区居家养老的困境和出路[J].前沿,2009(8).
- [63] 陶海飞,薛明杰,任建雄.浙江农村社区金融机构的发展模式探讨[J].浙江金融,2008(4).
- [64] 高秀艳,吴永恒.城市社区居家养老产业引入竞争机制之浅见[J].现代财经-天津财经大学学报,2009(2).
- [65] 周莹.中国农村养老保障制度的路径选择研究[M].上海:上海社会科学出版社,2009.
- [66] 赖正球.美国社区银行发展研究及借鉴[D].苏州大学,2008.
- [67] 董克用,姚余栋.中国养老金融发展报告(2016)[M].北京:社会科学文献出版社,2016.
- [68] 徐丹,商业银行发展养老金融策略分析[J].新金融,2013,11:36-41.
- [69] 许芳艳.农村社会养老保险基金与农村金融市场互动研究——以新疆呼图壁县为例[D].浙江师范大学,2007.
- [70] 赵立新.社区服务型居家养老的社会支持系统研究[J].人口学刊,2009(6).
- [71] 叶剑磊.对于金融创新的研究[J].现代金融,2009(12).
- [72] 王新星.养老保险制度基础与金融工具创新[D].南京理工大学,2006.
- [73] 张健.养老金制度改革与资本市场完善的互动[D].上海交通大学,2008.
- [74] 李婕琼,吕良宏.国有商业银行社区金融发展策略研究——以建设银行为例[J].华北金融,2012(12).
- [75] HuiShan. Reversing the trend: The recent expansion of the reverse mortgage market[J]. Real estate economics. 2011(4).
- [76] Automatic enrolment: Commentary and analysis, April 2017—March 2018.